ちくま文庫

ストリートの思想 増補新版

毛利嘉孝

筑摩書房

『ストリートの思想　増補新版』目次

第五章　抵抗するフリーター世代——10年代に向けて

ストリートの思想　増補新版

序章　「ストリートの思想」とは何か

五月の祝祭

五月の連休はこの数年、祝祭の季節になりつつある。

ストリートには、大がかりなPA装置を積んだサウンドカーと呼ばれるトラックが繰り出し、DJが次々とダンスミュージックをかけている。色とりどりの服装を身にまとった人々が集まるさまは、まるで仮装パレードのようだ。ぬいぐるみや浴衣《ゆかた》を着ている人もいる。コスプレを思わせる格好の人もいる。思い思いの打楽器を打ち鳴らしているグループもいる。それがいつのまにか、トランペットやトロンボーンや自作の楽器と不思議なアンサンブルを作り始める。ドラムキットを台車に載せて、ドラムを叩いているヤツもいる。エレキギターをかき鳴らす姿もある。

人々は、大きな横断幕やのぼりや、自作のプラカードを持っている。メッセージはこんな感じだ。

路上解放！
貧乏人は戦うぞ！
家賃をタダにしろ！

チベット解放！
警察は職質をやめろ！

声を合わせてシュプレヒコールをするグループ。拡声器《トラメガ》を片手に一人好きなことを訴えている人。サウンドカーのすぐ後ろで踊っている人々。プラカードのメッセージには過激なものもあるが、殺気立っているというわけではない。雰囲気はいたってピースフルだ。音楽のビートが独特の祝祭的な雰囲気を醸《かも》し出している。その多くは若い人たちだが、ちらほら家族連れの姿も見える――。

これは、今年（二〇〇九年）五月一日のデモ「阿佐ヶ谷メーデー［A-MAYDAY］」のひとコマである。このデモには、「毎日がゴールデン★言いっぱなしメーデー――貧乏人は増殖／連結する」というサブタイトルがつけられている。

夕方六時に高円寺中央公園を出発したデモは、このようなお祭り騒ぎの中、阿佐ヶ谷駅まで二時間近くかけて到着した。駅に到着してからも、お祭り騒ぎはしばらく続いた。結局、デモは警察によって解散させられてしまったが、その後も、参加者の一部は阿佐ヶ谷ロフトで行われていたイヴェントに参加したり、お金がない人は高円寺駅前に戻って駅前で宴会をしたりと、そのまま夜遅くまで祭りは繰り広げられた。

お祭りはこの日だけではない。翌々日五月三日に渋谷で行われたデモ「自由と生存のメーデー」は六〇〇人以上の参加者で膨れ上がり、五月一日のデモと同じように、サウンドカーを先頭に渋谷から原宿をまわり街を一周した。その後、デモの余韻さめやらぬまま、参加者たちは宮下公園に残り、音楽とともに語り続けた。宮下公園はさながらレイヴ会場のようになって、パーティは遅くまで続いた。

こうした光景は、今ではデモに行く若者たちには見慣れたものになっている。デモの形式も今年になって始まったものではない。この数年の若者たちのデモはいつもこんな感じだ。サウンドカー、ダンスミュージック、打楽器や管楽器、派手なコスチューム、思い思いのプラカードや横断幕。それは、壮大なパフォーマンスを思わせるお祭りなのだ。

こうしたデモは、やはり五月の連休中に開催されている、労働組合を中心とした連合や全労連や全労協の集会と比べると、その祝祭性という点で大きく異なっている。参加する人数こそ少ないものの熱気では負けていない。独立系のデモの主張はさまざまで、まとまりがなく、中には実現できないような要求も含まれているが、そこには独特のユーモアと切実感がある。なによりも自分たちが自分たちのためのデモを組織しているという自主性がはっきりとうかがえる。

「政治」という領域の変容

こうした動向は、日本だけではなくヨーロッパでも広く見られるようだ。たとえばイタリアの政治思想家、アントニオ・ネグリは、五月一日に旧来の労働組合が組織したデモのあとに行われる若者たちのデモについてこのように述べている。

労働組合にも政治の場にも代表をもたない人々がまとまり、［五月一日の午前中の］労働組合のデモに参加するのではなく、午後に自律的に行進する。そういう例が増えつつあることはきわめて重要です。このマルチチュードは、デモでの表現方法からわかるように、新たなかたちで存在感を示している。アレゴリー［寓意］に満ちた大型ワゴンの登場や、軍隊のような隊列を組まずに自由に行進すること。このように、「もうひとつの」労働者運動の伝統を変容させつつ、みずからのものにしているのです。[1]（［　］は原文ママ）

マルチチュードとは、「多数性」「複数性」「多様性」を表す語で、ネグリがマイケル・ハートとともに提示した、グローバル化した世界の新しい政治体である〈帝国〉

を構成する人々を指している。これは、近代的な国民国家の主権主体「国民」の代わりに登場した、新しいグローバルな政治主体である。国民の概念が、しばしば外国人や移民、そしてある時期まで女性や子どもたちを排斥《はいせき》することで「ひとつ」の政治主権を作り上げていたのに対して、マルチチュードは、そうした多種多様な人々を重要な政治主体として位置づけなおすものだ。

マルチチュードは、かつての伝統的なマルクス主義における対抗的な政治主体だった、工場労働者をモデルとした労働者階級やプロレタリアートに代わるものである。ネグリによれば、新しいデモに参加しているマルチチュードは、「中レヴェルから高レヴェルの教育を受け、知的労働に従事する賃金労働者」である。今ではこうした新プロレタリアート、あるいは彼が「コニタリアート（認知労働者）」と呼ぶ人々が、かつてであれば中流層が担っていたサービス業や情報業、文化産業といった「非物質的」な生産に携わっている。新しい形のデモは、このようなマルチチュードたちが、通常は労働の中に回収されてしまっている自分たちのコミュニケーション能力を使って作り出したものなのである。

こうしたマルチチュードやコニタリアートの議論に、日本のフリーターや派遣労働者の状況をあてはめるのは、それほど難しくない。実際に二〇〇九年の「自由と生存のメーデー」は、「六〇億のプレカリアート」という別のスローガンを掲げているが、このことからも現在の日本の状況とグローバルな問題が直結しているという意識をはっきりと見てとることができる。プレカリアートとは、イタリア語で「不安定な」を意味する「プレカリオ」と「プロレタリアート」を組み合わせて作った造語で、グローバリゼーションと新自由主義的な政策のもとで、不安定で流動的な生活をすることを余儀なくされている人々のことを意味している。

もちろん、マルチチュードやコニタリアート、プレカリアートといった語は、それぞれニュアンスが異なり使われる文脈も異なっている。けれども、むしろここで重要なのは、旧来の労働者階級やプロレタリアートといった政治的主体が、経済的・社会的・政治的な変容のために、新しい政治的主体に場を譲り始めているということだろう。単に政治的主体が変わっただけではない。「政治」という領域もまたラディカルに変化しつつあるのである。いろいろな場所で同時多発的に生まれている祝祭的なデモはそのひとつの徴候なのだ。

けれども、その一方で、やはり日本の新しい運動が、きわめて日本的な文脈の中で生まれていることも強調しておくべきだろう。ヨーロッパのプレカリアート運動のように一〇万人単位で人が集まっているわけでもなければ、日本のフリーター層は過酷な窮状に置かれている途上国の人々のように、一日の手取りが一ドルにも満たないような労働条件のもとにあるわけでもない。グローバリゼーションの影響とともに日本固有の文脈も考えなければならないのである。

新しく生まれつつある若者たちの運動には、どのような意味があるのか。それらはどのようにして生まれてきたのか。そして、どうなっていくのか。

本書のねらいは、新しく生まれてきた若者たちの運動を、「ストリートの思想」という観点から捉えなおすことにある。けれども、こうした動向を左翼思想史や社会運動史の中に回収しようとしているわけではない。むしろ、そこからこぼれおちていくものとして「ストリートの思想」を位置づけようとしているのだ。あるいは伝統的な「左翼的なもの」に対して距離を取りつつ、それを乗り越えるものとして「ストリートの思想」を構想しようとしているのである。

「ゴリゴリの左翼」?

「左翼的なもの」を乗り越えるものとして、「ストリートの思想」を考えるようになったひとつのきっかけから始めたい。

三年ほど前に、代々木公園の片隅にある野宿労働者のブルーテント村の中で「エノアール」という青空カフェを運営している小川てつオが、花見を企画したというので、友人と待ち合わせて出かけた時のことだ。少し遅れて到着すると、すでにテント村の住人や小川の友人たちが、レコードをかけたり、三味線にあわせて歌ったりと、すっかり盛り上がっている。まだ二〇代前半の若い人たちも多かった。

車座になって飲み始めると、その中の女の子二人が「私たちゴリゴリの左翼なんですぅ♡」と自己紹介してきた。二人は、ちょっとクセはあるものの、それなりにお洒落な、いわゆるいまどきの女の子である。「ゴリゴリの左翼」という言い方があまりにそぐわない感じだったので、思わず苦笑してしまった。

あとで知ったのだが、彼女たちは、本書の第四章でも紹介する、高円寺にある「素人の乱」というリサイクルショップ周辺でよく遊んでいて、「ゴリゴリの左翼」という言葉もそこで使われているネタのひとつらしい。「素人の乱」は、もともとはリサイクルショップの店名だったが、その後同名のカフェを開いたり、日替わりのパーソナリティでインターネット放送をしたりしている。カフェのメニューには、「革命ランチ」「革命ブレンド」「革命ラテ」という品名が並んでいる。要するに左翼的な語彙をネタにしているのだ。

しかし、それがすべて単なるネタなのか、といえばそうでもない。そもそも代々木公園に住むホームレスの人たちと花見をするという時点で、そこには不可避に政治性が入り込んでいる。エノアールカフェは、小川と、その友人のいちむらみさこが、孤立しがちのテント村の住人たちと絵を描いたり（エノアールは、「絵のある」という意味だ）、お茶をしたりして、交流する場をつくろうと始めた試みである。

けれども、小川やいちむらも、先の女の子たちにしても、やはり「左翼」や、ましてや「ゴリゴリの左翼」と呼ぶのには抵抗があった。なんというか、彼らからはあまりにもナチュラルで、ふわふわとしたやさしい印象を受けたのだ。彼らは、ホームレスの人たちを排斥している社会に対してはっきりとした異議を唱えているのだけれども、それを従来の左翼のやり方ではなく、自分たちの世代なりの感性や方法にもとづいて行っているのである。

「私たちゴリゴリの左翼なんですぅ♡」という言い方は、「私たちは左翼でない／ある」という両義的な態度の表明である。少なくとも、彼女たちは伝統的な意味では左翼ではないし、こう言っているからといって、実際に昔の「ゴリゴリの左翼」になりたいわけでもない。「ゴリゴリの左翼」はパロディの対象であり、ネタにしておちょくるほかはないのだが、しかしそのことを認めたうえで、「左翼」を読み替えることで従来とは異なる政治のあり方を模索しようとしているのだ。こうした言い方に、今日の左翼のパブリックイメージに対する批評的な意識を見ることができる。

「左翼」の敗北

こうした試みは、「左翼」を取り戻す試みなのだ。「左翼」という語は、保守化の進むメディアや論壇の中で揶揄《やゆ》の対象になっていたが、ここにきて別の読み替えが進み始めている。

最初に、この二〇年の間に伝統的な左翼の試みがことごとく敗北したことは認めるべきだろう。もちろん敗北には価値がないわけではない。ヴァルター・ベンヤミンを引くまでもなく、歴史とは常に勝利者のものではあるが、敗北者の視点から歴史を捉えることで、別の歴史を構想することができる(2)。また「左翼」という語が実体を示す語ではなく、しばしば悪意に満ちたレッテルになってしまっていることにも注意を払うべきかもしれない。「左翼」(やネット上で見られる「サヨ」)という言葉によって、具体的な問題にかかわっている重要な社会運動や市民運動が一括《ひとくく》りにされて、必要以上のバッシングを受けていることも事実である。

しかし、そうしたことをふまえたうえでも、伝統的な左翼政治の戦略がはっきりと破綻《はたん》してしまったことは否定できない。これは、新自由主義の流れの中で姿を変えながらも社会民主主義が根づいたヨーロッパや、反グローバリズムの潮流の中で急速に独自の政治文化を形成しているラテンアメリカと比較しても、顕著に日本的な特徴である。少なくとも「左翼」という言葉は大衆の支持を失ってしまった。

なぜこうなってしまったのだろうか。いくつかの理由が挙げられるが、とりあえずここでは二つだけ指摘しておきたい。

ひとつは、九〇年代から二〇〇〇年代にかけて、産業構造が変化するにしたがってマルクス主義的な左翼運動を規定してきた「階級」の概念がすっかり変容してしまったことである。既存の労働組合が活動の主体として期待していた正規雇用者は、サービスや情報、金融などの新しい産業が中心になるにつれて、既得権益の受益者になってしまった。かつての労働者やプロレタリアートの代わりに搾取の対象となっているのは、非正規雇用者、パートタイマーや派遣社員、フリーターやニートと一括されている若者層、主婦、そして学生である。こうした流動的で断片化された新しい「階級」に対して語る言葉も、彼らを代弁する機能も伝統的な左翼は持つことができなかった。それどころか左翼の支持基盤は、より厳しく搾取された新しい「階級」の敵になってしまった。

第二に、左翼の最大の武器であったイデオロギー批判が機能しなくなったということがある。イデオロギー批判とは、時代を支配しているイデオロギー（虚偽意識）によって表面上は覆《おお》い隠されている社会の矛盾や問題を指摘することである。したがって、イデオロギー批判は支配的なイデオロギーを暴露し（王様は裸だ！　みんなだまされているぞ！）、その背後にある真実を指摘するところにその真骨頂があった。

もちろんイデオロギー批判が、依然として政治の欺瞞《ぎまん》を暴くという点で重要であり、一定の効果があることは否定しない。けれども、現在のポストモダン的な状況では、どれほど強力なイデオロギー批判もやはり相対的なものでしかなく、けっして真実の言説にはなりえない。かつて近代を規定してきた真なるもの、善なるもの、美なるものといった絶対的で普遍的な目的が崩壊してしまった結果、どれも相対的なものでしかなくなったのだ。

それに代わる新しい基準は、正しいかどうかではなく、おもしろいかどうかである。今では、人は正しいけれどおもしろくない世界よりも、多少正しくなくてもおもしろい世界を選択するようになったのだ。この新しい基準のもとでは、人は、イデオロギーの外部に出て、高みからあれこれと批判することができない。誰もが、たえず言説の抗争に取り込まれてしまうので、その内部でゲームに参加するしかない。

二〇〇〇年代の小泉政権以降の政治のスペクタクル化、ワイドショー化は、イデオロギー批判の有効性の限界を露呈したのである。

伝統的な左翼知識人の終焉

残念ながら、しばしば大仰でしかめっつらをした多くの左翼の議論は、この変化に気がつくことはなかった。それればかりか、必要以上に正しさを追求するあまりに、その問題に耽溺《たんでき》している人以外には理解できないまでに議論を抽象化し、内部にこもり、さらには理論的、物理的両面の内ゲバによって、勝手に内部分裂を繰り返して自滅してしまった。

過去の左翼政治をノスタルジックに語り、西洋先進国の民主主義を無批判に賞賛し、日本の現状を嘆いてみせるという身ぶりを反復する左翼知識人は、多くの場合大学に籍を置く研究教育者である。少し前までは在野に多く見られた批評家たちも、出版産業の構造的不況のために教育産業に包摂されてしまった。この大学知識人という存在は、先に挙げた二つの点で左翼の失敗を象徴的に示している。

ポストモダンの時代の大学知識人は、かつて近代的な啓蒙のプロジェクトを遂行した知識人のように、イデオロギーの外側、社会の外側から発言することができない。

大学知識人は、その発言がいかに政治的にラディカルであれ、旧来の制度に守られた特権的な存在にすぎなくなったのだ。

大学知識人によるフリーターやニートの議論がどことなく胡散《うさん》くさく見えるのは、彼らが状況をうまく分析することはできても、結局分析対象を代弁することはないからである。今日の左翼政治の主体になるかもしれない、新しい階級の人々もそのことにすっかり気がついているので、大学知識人はかつてのように指導的な役割を果たすことができなくなってしまった。

さらに根源的な問題を挙げれば、普遍的な真理の追求を（建前とはいえ）理念として掲げる大学から生まれる言説は、先に述べたイデオロギー批判の限界のために政治文化のヘゲモニー闘争に勝つことができない。端的に言えば、小林よしのりに代表されるような保守論壇のおもしろさに勝つことができないのである。政治的言説のゲームのルールが決定的に変わってしまったのだ。

誤解を避けるために言えば、私は高等教育機関における研究に代表される真理の言説が必要ないと言っているのではない。けれども、その社会的な影響は以前に比べてはるかに限定的になってしまった。真理の言説は必要だけれども、それだけでは十分ではないのだ。

第二章であらためて詳細に述べるが、左翼的空間、批判的空間としての大学は、九〇年代から二〇〇〇年代までを通じて徹底的に行われた大学空間の囲い込み、具体的には大学自治や学生寮の弾圧によって進行した学生運動の衰退や、国立大学独立行政法人化に代表される市場原理の浸透、教員のサラリーマン化によって終焉した。大学からは対抗的な契機が失われつつある。今後この傾向は進むことこそあれ、逆戻りすることはないだろう。

それにもかかわらず、依然として所属大学の名称が肩書きとして機能している左派論壇は、知識人が空疎な理論を振り回し、イデオロギー批判を続けるだけで何かが変わると信じ込んでいるようにも見える。私自身が大学で働いていることもあるので、この批判も自己言及めいているのがツライところだが、いずれにしても大学に属する伝統的な左翼知識人の影響力の低下は、構造的なものであることは確認しておきたい。

「左翼的なもの」から「ストリート」へ

では、「左翼的なもの」を、何によって引き取ることができるのだろうか。

本書の回答は「ストリート」である。ストリートとは何か。この場所とも非場所とも呼ぶべき空間には今、多くの興味深い人が集まり、おもしろい出来事が起こりつつある。

それは、自ら持続的な空間を所有しているわけではないので、常に突発的で、一時的で、流動的なのだが、それゆえに今日の新しい対抗的な政治の可能性を示している。

この「ストリートの思想」の特徴を大きく四つにまとめておこう。

第一に、「ストリートの思想」とは、点と点とをつなぐ「線」の思想である。ストリートとはなによりも移動の場なのだ。伝統的に思想と呼ばれるものの多くは、大学の研究室や自宅、図書館など、囲い込まれた空間である「点」において生産されてきた。それに対して、大学の研究室、自宅、図書館、職場、レストランやカフェ、ライヴハウス、公園、駅といったさまざまな点を横断するところに「ストリートの思想」は生起する。それは、常に過渡的な思想のあり方であって、その体系は事後的にしか把握できない。

第二に、「ストリートの思想」とは、ボトムアップ型の実践から生まれる思想である。先に思想や理論があり、それにしたがって実践が生まれるわけではない。具体的な行動や実践が先に存在し、それ自体がひとつの思想なのである。この思想は人を動かさない。人が動くことで思想が生まれるのだ。

したがって、「ストリートの思想」は大学のような既存の権威と無縁であるだけではなく、人々を統一し、動員しようとする指導的な思想や党派的な思想とも対抗的な関係にある。

第三に、この「ストリートの思想」は、複数の思想である。伝統的に思想には、一人の名前が冠されることが多い。マルクスの思想、丸山眞男の思想、フーコーの思想……。それに対して、「ストリートの思想」の多くは匿名の思想である。複数の無名の人々が作り出す思想。あるいは、特定の固有名が冠される時でさえも、その思想は、複数の人々をつなぎ合わせたり、組織化したりすることを通じて生み出されたものだ。ストリートの思想家とは、オーガナイザーであり、一種のプロデューサーなのだ。

最後に、「ストリートの思想」は、伝統的な思想のように書籍や論文、活字テキストによってのみ表現されるわけではなく、音楽や映像、マンガ、あるいはダンスカルチャーなど非言語的実践を通じて表現されることも多い。

このことは、ポストモダン的な状況が始まった七〇年代以降ゆっくりと進んだ、権力のあり方の変化に対応している。今日支配的な権力は、暴力的な強制力（警察や軍隊）や国家のイデオロギー的な装置だけによって機能しているのではない。それはより微細な方法で、メディアや空間を通じて人々の身体や欲望を規制・管理することを通じて浸透していく。先に述べた「おもしろさ」も、人々の欲望を調整する技術である。

これに対して、「おもしろさ」や「快適さ」を疑い否定するだけでは十分ではない。

同時に対抗的な「おもしろさ」や「快楽」を作り上げる必要があるのだ。「ストリートの思想」が、従来の対抗的社会運動と区別される最大のポイントはここにある。

ここで確認しなければならないのは、「ストリートの思想」が、なによりもメインストリームのメディア文化、とりわけ消費主義と対抗的な関係にあるということである。

二〇〇〇年代を通じて、思想における活字メディア、とりわけ論壇誌や思想誌の影響力は相対的に低下し、テレビとインターネットの影響が大きくなった。とくにテレビは、出版や音楽など隣接のメディア産業に大きな影響を与えるようになった。

タレント本やテレビ関連本、CMやドラマのタイアップ曲しかヒットしなくなったのは、その象徴的な例だが、思想においても例外ではない。政治学や経済学、社会学から人文学にいたるまで、現在の知識の枠組みはテレビによって形成されている。かつてであれば、論壇誌と大学という比較的自律した場が、テレビに対抗するような言説空間を作っていたが、九〇年代以降こうした場が相対的に縮小していく過程で、テレビを中心とした言説へと再編された。社会科学や人文学の大部分は、テレビ的言語によってスペクタクル化されるか、大学や論壇内部の中でしか通用しない議論へと閉じてしまった。

「ストリートの思想」が前景化するのは、この過程を通じてである。「ストリートの思想」は、一方で、論壇でも大学アカデミズムでもない場所で、フェイス・トゥ・フェイスのコミュニケーションをベースとした小さなコミュニティやシーンを形成した。その一方で必要に応じて、インターネットやマスメディアを活用しつつ対抗的な言説を紡《つむ》ぎ出したのである。

「ストリートの思想」をめぐるマトリクス

本書では、「ストリートの思想」の形成過程を、一九八〇年代から追っていくが、とくに二〇〇〇年以降のその位置づけをはっきりさせるために、現在のほかの思想動向との関係を明らかにしておきたい。

ここで、図式的に把握するために三つの軸を導入しよう。それは、

(1) 政治（対抗的社会運動、左翼政治からアナキズムまで）
(2) 文化（ポップカルチャー、サブカルチャー）
(3) 思想（とくにポストモダン以降の政治文化理論）

という軸である。順に簡単に見ておこう。

（1）政治は、「ストリートの思想」の重要な要素である。けれども、ここでいう「政治」は伝統的な政治の領域だけを意味しているのではない。それは具体的な政策を実現させるための直接民主主義（直接行動）の側面を持つ。つまり、議会や選挙などの間接民主主義の欠損を補うものだが、それだけではなく、日常生活そのものを変容させようとするミクロな政治を併《あわ》せ持っている。

（2）文化は、「ストリートの思想」をほかの政治運動と区別するものである。「ストリートの思想」において、文化は政治に従属しない。文化は手段ではなく、むしろ目的である。文化を防衛するために政治が必要とされるのだ。とくにここで、重要な役割を果たしているのは、音楽やダンスなどのサブカルチャーや日常的な文化を背景にしたさまざまなコミュニティやシーンである。これは、政治とは異なる自律的な領域をなしている。

（3）「ストリートの思想」の枠組みは、七〇年代以降のポストモダン思想に影響を受けているが、単に純粋な思想として影響を受けているのではない。むしろポストモダン思想は、「実践」として再解釈されることで、「ストリートの思想」のベースを形成している。それは、伝統的な理論と実践との関係を転倒させる試みである。

本書の中でも繰り返し述べるように、「ストリートの思想」は、この三つの軸がつくる三角形の中心に位置づけられる。けれども、それは、どこかひとつの軸に回収されることを意味しない。いずれとも距離を取りながら、たえず互いを参照軸としているのだ。

ストリート的イメージとオタク的思想

　まず政治軸を参照すると、ここで私の言う「ストリートの思想」と最初に区別すべきなのは、広告やメディアが振りまいている一見「ストリート的」なイメージだ。ナイキからA BATHING APEまで、一般に「ストリート的」と思われているものの多くは、ビジネスである。つまり、アメリカのアフリカ系アメリカ人の若者文化からパンクやアナキストの文化までの——あるいは貧困さえも——さまざまな先鋭的文化を商品化することでビジネスを成立させている。けれども、それはあくまで「ストリート的」なイメージにすぎない。企業は、本来のストリートが持っている政治的・経済的背景を消去することによって商品化しているのである。ここでいう「ストリートの思想」は、むしろファッションイメージとしての「ストリートらしさ」が消し去っているものを見出すことである。

　けれども、このことはファッショナブルであることやカッコいいことを拒絶しているわけではない。「ストリートの思想」のひとつのカギは、金銭に従属せずに、既存の資本の流れとは別の自律した場所で、いかにカッコよく、いかに魅力的な生活を作り出すことができるかというところにある。あるいは、そもそも何が「カッコいい」のかを批判的に問うていると言ってもいい。

「ストリート的」なイメージ以上に、「ストリートの思想」と対照的なのは、「オタク的な思想」である。ここで「オタク的」と私が呼んでいるのは、アニメやライトノベル、テレビゲーム、コンピュータやインターネットなどを中心に社会のあり方を論じる一連の若手批評家の議論である。ポストモダン理論をしばしば援用しているという点では共通の基盤がないわけではない。また少なからぬ若手批評家が、大学という権威に頼らずに言論活動をしている点は、新しい時代に対応した言説の実践として積極的に評価したい。

けれども、「ストリートの思想」と「オタク的な思想」は、二つの点で対立している。ひとつは、同じく文化を参照軸にしながら、そもそも見ている「文化」が決定的に異なっている点だ。「オタク的な思想」が、アニメやライトノベル、ゲームを「文化」の中心にしているとすれば、「ストリートの思想」は、音楽やファッション、そして、日常生活の経験——人としゃべったり、料理をしたり、歩いたりといった身体的な営み——をもとにしている。

もうひとつは、政治に対する意識である。「オタク的な思想」の批評家は、政治的な問題に触れることはあまりない。多くの議論において、情報が高度に集約された「オタク的」な風景が、社会や現代人のアイデンティティ一般の問題へと飛躍するのだが、そこには自分たちとは違う世界を見ている人がいるという想像力がいっさい欠けているのである。

こうした政治意識の違いが如実に表れるのは、国家と暴力に対する認識においてである。「オタク的な思想」にとって、国家とは自然で不可視の存在である。「ストリートの思想」にとって、国家とは問題含みの概念である。というのは、一度でもデモに参加したり、政治的集会に行ったりすると、国家とはなによりも抑圧的な暴力装置として認識されるからだ。

ロスジェネ論壇との違い

最後に「ストリートの思想」と、雨宮処凛《かりん》や浅尾大輔などの「ロスジェネ（ロストジェネレーション）」系に代表される、最近の左翼的な論壇との差異を明らかにしておくべきだろう。本書が扱う多くの事柄は、しばしば若者たちの政治運動や社会運動として理解されている。このこと自体はまちがいではない。けれども、本書では、こうした運動をあくまでも文化的な運動として捉えなおしたい。それは、政治運動に矮《わい》小《しょう》化されることで見えなくなるものを、明らかにしたいからである。

たとえば、先に紹介したメーデーの直前に、『朝日ジャーナル』創刊五〇年特別号ということで、『週刊朝日』の緊急増刊として同誌が一号だけ復刊された。『朝日ジャーナル』といえば、岩波書店の『世界』と並んで戦後の左派・リベラル論壇を牽引《けんいん》してきた雑誌である。「怒りの復活」と題されたこの号には、未曾有《みぞう》の経済危機の中で、もう一度論壇の指導的役割を演じようという目論見が感じられる。

かつて『朝日ジャーナル』が取り上げた人々をめぐる回顧的な記事は別にして、そこで紹介されているのは、雨宮処凛や「年越し派遣村」の村長として知られることになった湯浅誠、フリーター全般労組の山口素明《もとあき》など、フリーターやニートの貧困問題や派遣切りに対して積極的に発言してきた人々である。この号を貫く全体のトーンは、「怒り」だ。時代の閉塞感を中心に日本経済と社会の諸問題を俯瞰《ふかん》した、今の左翼的な「気分」を象徴的に表す号になっている。

けれども残念なことに、そこからは私が「ストリートの思想」という言葉で論じようとしている生き生きとした感覚が、ごっそり失われてしまっているのである。実際に最近の政治運動に参加すればわかるのだが、そこには「怒り」だけが存在するのではない。むしろ積極的に自分たちの民主主義を作っていこうという参加の「楽しみ」や、空間を共有し文化を創造するという、一種の「享楽」も混じった独特の祝祭性が存在している。けれども、そうした側面が、眉間《みけん》にしわを寄せて語られている議論からはすっかり抜け落ちてしまっているのだ。それは古い左翼の「政治」の中に、いつのまにか回収されてしまっている。

本書の構成

本書は、「ストリートの思想」を軸に、一九八〇年代から現在にいたるまでの日本の政治と文化の状況を再考しようというものだ。けれども、客観的な思想史や文化史、社会運動史を記述しようとしているわけではない。八〇年以降の時代状況においては、文化や社会運動の客観的な記述が困難である。

ここで試みようとしているのは、個人的な経験を参照しながら「ストリートの思想」を描くことである。とはいえ、このことは当事者として記述していることを意味するわけでもない。八〇年代から現在にいたるまで、私自身は常に仕事や住む場所を変えていたこともあり、一貫して傍観者だったように思う。むしろ、この中途半端な立場を肯定的に考えて、状況を斜めから横断的に眺めることで見なおしたい、というのが本書のスタンスである。

第一章は、一九八〇年代の文化における政治性の再考である。八〇年代はバブル経済とポストモダン思想によって代表され、今日では脱政治化された時代として語られることが多いが、そうした表面的な喧騒の背後に、さまざまな「ストリートの思想」の可能性があった。それは、政治ではなく、サブカルチャーの領域にしまい込まれていたのである。

八〇年代から記述を始めるのは、フリーター第一世代で現在の「ストリートの思想」の中心的な担い手である四〇歳前後の人たちが、多かれ少なかれ八〇年代的なサブカルチャーの影響を受けているように感じられるからだ。たとえばサウンドカーというデモの文化ひとつとっても、八〇年代のパンクからヒップホップ、レイヴ文化の延長線上にある（デモに参加していると驚くほど八〇年代文化の引用が多い）。

この章では、とくに八〇年代の中心的な思想だったニューアカデミズムとインディーズ文化に焦点をあて、そこに見られる「ストリートの思想」の可能性を考えたい。

一九九〇年代を扱った第二章と第三章は、セットで読まれるべき章である。第二章では、これまで知識人、論壇誌、大学といった三角形によって担われていたラディカルな思想が、いかに九〇年代に、そのエッジを失っていったのかを論じる。中心になるのは、私自身も日本への導入に積極的にかかわることになった、文化研究（カルチュラル・スタディーズ）が提起した問題である。

人文学の中に政治性を再導入しようとした文化研究は、グローバリゼーションと新自由主義が進む九〇年代の大学制度の変容の中で、諸刃《もろは》の剣《つるぎ》的な役割を果たした。それは、大学制度に再び政治性を持ち込むと同時に、政治のラディカルさを制度化したのである。文化研究の功罪を検証しつつ、その可能性について考える。

第三章は、第二章で述べた大学や知識人の変容を受けて、新しい「ストリートの思想」が生まれていく過程を描いた章だ。

とりわけここで重要なのは、都市を横断するさまざまな運動である。八〇年代のバブル経済の繁栄の象徴が、渋谷・青山・六本木であり、その対極に労働者の街山谷《さんや》があるとしたら、九〇年代はこうした東京の都市機能が再編される時期でもあった。その再編の中で「ストリートの思想」のポイントは、渋谷・代々木から新宿、そして中央線沿線へと移動していく。

この時期は、大学におけるラディカリズムが後退し、イデオロギー的な締めつけが緩《ゆる》んだこともあり、これまで政治にかかわりのなかった人々が、自分たちなりの「政治」を発明していく時期でもある。オウム真理教事件や阪神淡路大震災などのあった一九九五年をひとつのきっかけとして、都市における文化と政治の実験がさまざまな形で行われるようになった。

第四章では、二〇〇〇年代になって広がった新しい政治運動を検証する。とくにここで取り上げたいのは、イラク戦争を契機に街頭に現れた新しいデモの形式である。突然現れたこの空間は、「ストリートの思想」の多様な実験場となった。

ここでは、二〇〇〇年代の顕著な文化政治運動である高円寺の「素人の乱」と、その周辺の運動を紹介しながら、ヒップホップのラッパーであるＥＣＤや、アーティストでアクティヴィストの小田マサノリ（イルコモンズ）など、「ストリートの思想家」とでも呼ぶべき人々を取り上げたい。またそのことを通じて、ストリートにおける文化と政治の関係、そしてアーティストが果たす役割の今日的意義を考察したい。

第五章は、二〇〇八年のリーマンショック以降の経済危機を受けて書かれたものである。経済状態が悪化するにしたがって、それまであまり取り上げられなかった、フリーターや派遣労働者を中心とした貧困の問題が、マスメディアに頻繁に登場するようになった。それは、不可視とされていた問題が議論されるようになったという点では評価すべきことだが、同時に「貧困」のような問題までが「スペクタクル（見世物）」化され、問題そのものは解決されずに先送りされるという事態も生み出している。この未曾有の景気悪化の中で、「ストリートの思想」はどのような役割を果たすのか。将来の展望を含めて論じたい。

「ストリートの思想」は、想像力をめぐる思想である。それは、すでに私たちの目の前にあるが、意識的に目を凝《こ》らさなければ見えなくなってしまう類《たぐい》のものだ。たえず、目を凝らし続けること――。

（1）ネグリ、A.『未来派左翼（下）』廣瀬純訳、NHKブックス、二〇〇八年、一五七―一五八頁

（2）ベンヤミン、W.「歴史の概念について」『ベンヤミン・コレクション1』浅井健二郎編訳、ちくま学芸文庫、一九九五年

第一章　前史としての80年代——「社会の分断」とポストモダン

ガタリ来日

一九八五年、フランスの精神分析家で思想家であるフェリックス・ガタリが来日した。ガタリはその当時、なによりもジル・ドゥルーズとの一連の共著によって知られていた。その主著である『アンチ・オイディプス』や『千のプラトー』はまだ翻訳されていなかったが、『千のプラトー』の序文である「リゾーム」は、朝日出版社の『エピステーメー』の増刊号として出版されていた。「リゾーム」「器官なき身体」「戦争機械」「スキゾフレニア（分裂症）」「脱領域化」「逃走線」、そして「ノマド（遊牧）」といった魅力的な用語で、そのころはっきりと輪郭を現しつつあった高度情報資本主義を分析したそのポップな哲学は、ポストモダン思想のひとつの到達点と言えるだろう。いわゆる「ニューアカ（＝ニューアカデミズム）」ブームの影響もあり、ガタリは日本でも一躍、時代を代表する思想家の一人となっていた。

当時、私は京都大学経済学部の学部生だった。ガタリの来日は、私にとって単なる八〇年代の歴史のひとコマではない。この時ガタリは、東京のみならず京都大学にもやってきて、講演をしている。大学祭の特別企画だった。たまたま学部自治会にかかわっていた私は、経済学部の大学祭実行委員長という肩書きで講演会の企画運営を担当し、当時京都大学の人文研究所の助手だった浅田彰の紹介で、ガタリに実際に会っている。

このように書くと何やらまともな会話を交わしたようだが、そうではない。ポストモダン思想には理解できないながらも十二分にかぶれていたこともあり、この企画には興奮したし、ガタリに会うまではワクワクしていたのだが、京大の教員や学生がやたらに集まってきたのに加えて、東京の出版社や新聞社など、いろいろな人が来てあれこれ仕切ろうとするのに途中からうんざりして、責任者とは名ばかりで結局ほかの学生スタッフに食事や観光のアテンドを頼んでしまった。最初に挨拶をしただけで、あまり話をした記憶がない。もっとも話をしようにもフランス語がまったくできなかったので、会話にならなかったという情けない実情もあったのだが。

その後、大学を卒業して、すぐに就職したことや、アカデミズムに入るにあたって英米圏の思想を選択したこともあり、ガタリの名前は八〇年代の記憶が薄らぐとともに忘れつつあった。

山谷を歩くガタリ

　この来日のことを思い出したのは、『東京劇場――ガタリ、東京を行く』を最近になって読みなおしたからだ。ガタリは東京に来た時に、浅田彰や細川周平、コリーヌ・ブレ、竹田賢一、上野俊哉、福士斉、そしてガイド役の平井玄たちと一緒に、日雇い労働者の街である山谷から、ミニFMの「自由ラジオ」プロジェクト「ラジオ・ホームラン」のある下北沢まで東京を「横断」した。UPUから出版されたこの本は、その時の記録である。「自由ラジオ」とは、巨大資本によって独占されているメディアを自らの手に取り戻して、自律した情報発信をしようという政治的文化プロジェクトだ。ガタリもかかわりが深い七〇年代イタリアの「アウトノミア」運動の中で注目を集め、日本では粉川《こがわ》哲夫らによって実践的に紹介された。ラジオ・ホームランはその日本的受容の典型的な例である。この本には、参加者たちの対談や写真に加え、ガタリとほかの参加者たちの短い原稿が収められている。

　実はこの本は出版直後に入手していた。けれども、京都大学にガタリが来た時の印象が芳《かんば》しくないことや、なによりも東京の出来事だけが公的な記録として残されていくことに対する漠然とした違和感もあり、あまりいい印象は持っていなかった。私は

東京を地下鉄で横断するガタリ（写真：梶洋哉、『東京劇場』UPU、1986年、10ページより）

このころ、京都に住む金のない学部生で、東京に行くこともなく、この「ツアー」に参加したわけではない。自分と近いところで起こっていたはずの出来事なのに、奇妙なほどに私からはとても遠い、別の世界の話のように感じられたのである。

だが、最近になってあらためて読みなおすと、「ストリートの思想」の可能性が、このガタリを中心にしたツアーに含まれているように思えてきた。八〇年代は、しばしばバブル経済とそれを取り巻く文化や思想——ポストモダン、ニューアカデミズム、西武セゾン文化等々——で語られる。けれどもバブル経済がまだはっきりと認識されていない時期のこの記録には、「ストリートの思想」の影が見え隠れするのだ。それはいったい何だろうか?

山谷からシモキタへ

とはいえ、『東京劇場』の中の議論はかみ合っているわけではない。

この本の中で印象に残るのは、当時ニューアカデミズムの旗手であった浅田彰と、六八年の左翼政治のいわば遅れてきた残党として山谷を案内する平井玄との間で交わされる議論である。浅田は、ラジオ・ホームランのような自由ラジオの実践や、山谷の支援を行う左翼を「愚鈍な左翼」という独特のアイロニカルな言い方で批判し、自らは距離を取る一方で、返す刀でその当時、「若者たちの神々」のような特集でポストモダン・サブカルチャー路線を取ろうとしていた『朝日ジャーナル』に対して、あくまでも「愚鈍な左翼で突っ張るべきだ」と主張する。

平井は、ジャズを中心とした実験音楽を出発点に、六八年以降の政治運動を引き受けつつ、政治に介入しようという批評家である。山谷の運動にも深くかかわっていた。平井にしてみれば、日雇い労働者たちが集まる山谷の階級闘争のような、具体的な政治に目を向けない非政治化されたポストモダンの議論、あるいはニューアカデミズム的な議論は、そもそも六八年の問題から出発しているガタリの議論の本質を隠蔽《いんぺい》するものだろうし、一方浅田にしてみれば「愚鈍な左翼」の必要性は認めつつも、どこかでかつての疎外論的な人間主義に回帰しようとする旧来の左翼の理論的な枠組みは認められないということだろう。

とはいえ、ここでこの対立を「ポストモダニズム」と「愚鈍な左翼」の間の緊張関係に矮小化するべきではない。むしろ興味深いのは、こうした派手な対立ではなく、そうした対立をズラしつつ別の視点を導入するような、本書に収められたいくぶん目立たないいくつかのエッセイのほうである。

たとえば、音楽評論家の竹田賢一は「音楽のオルタナティヴ」と題した文章の中で、カセットをはじめとするインディーズの音楽制作やライヴのネットワークを紹介し、その創造的な力にオルタナティヴな「運動」を見出そうとしている。あるいは、ラジオ・ホームランの中心的なメンバーである福士斉は、小さな電波が作り出す双方的な対話空間の可能性について語っている。こうした議論は、「ポストモダニズム」にも「愚鈍な左翼」にも属さない、D・i・Y（Do it Yourself）的な文化の創発性を積極的に支持しようとするものである。

おそらく、これは二項対立を三角形へと変貌させるものだ。そして序章でも述べたように、「ストリートの思想」は、この「ポストモダニズム」（思想）と「愚鈍な左翼」（政治）と「DiY文化」（文化）の三辺が作り出す三角形の中に存在している。

ガタリが山谷だけに行っていたのならば、こうした議論は旧来の左翼的な言説の中に封じ込められただろうし、彼がバブル前夜に浮かれる高度情報資本都市の東京を見ただけならば、それはポストモダニズムの喧騒の中に消し去られていただろう。けれども、山谷から出発し、若者のサブカルチャーの街である下北沢――インデペンデントの音楽がありミニFM放送局がある――へ向かうという東京横断の中に、その両者に解消できない可能性が垣間見える。移動の間の「ストリート」という空間に、書かれるべき「思想」があったのではないか。そして、それが九〇年代以降はっきりとした形をとって現れる出来事の、八〇年代における可能性を示しているとしたらどうだろうか。

八〇年代は「スカ」だったのか？

八〇年代の「ストリートの思想」の議論を始める前に、八〇年代を概括しつつ、一般にこの一〇年間がどのように語られているのかを確認しておこう。

八〇年代は、しばしば「バブル」という言葉によって特徴づけられる。よく知られるとおり、バブル景気のきっかけになったのは、八五年の「プラザ合意」だ。この年、ドル高と貿易赤字に悩むアメリカは、ほかのG5諸国とともに為替市場に協調介入することを発表した。これを境に、日本経済は低金利政策を取り、世界中の資金が日本に流れ込む。これが株と不動産を中心とする投機的投資に回ったことから、未曾有の好景気が始まる。日本中に奇妙な多幸症が広がったこのバブル経済は八〇年代末まで続き、その終焉が実感されるようになったのは九〇年代に入ってしばらく経ってからだった。

「バブル」という言葉は、否定的なニュアンスを含んでいる。まだバブル景気の残《の》り香《こ》が《が》漂っていた九〇年に発売された別冊宝島『80年代の正体！』には、「それはどんな時代だったのか　ハッキリ言って「スカ」だった！」という副題がつけられているが、このことだけを取ってみても、八〇年代が、浮ついた、軽薄で表層的な時代として受け取られていたことがわかる。

ちなみにこの『80年代の正体！』の中で扱われている事象は、コンビニエンスストアや朝シャン、フリーター、ギョーカイ、ユーミン……といったもので、今日八〇年代的と考えられているものとは微妙にズレている。『80年代の正体！』の全体のトーンは、高度消費社会に対する批判であり、それは「八〇年代的」というよりも、八〇年代に登場して今日の私たちの生活に定着している新しい生活様式に対する批判なのである。この本が出版された九〇年はまだバブルの熱気が冷めておらず、何が八〇年代的で、何が九〇年代に消えていくのかが、はっきりと認識されていなかったのだろう。

増殖する八〇年代論

最近になって、八〇年代文化はもう少しニュアンスに富んだものとして、再検証され始めている。思いつくまま取り上げても、原宏之『バブル文化論――〈ポスト戦後〉としての一九八〇年代』や香山リカの『ポケットは80年代がいっぱい』のほか、大塚英志『「おたく」の精神史――一九八〇年代論』、宮沢章夫『東京大学「80年代地下文化論」講義』といった書籍を挙げることができる。

また、必ずしも直接八〇年代を扱ったものでなくても、北田暁大『嗤う日本の「ナショナリズム」』や大澤真幸『不可能性の時代』のある部分は、一種の八〇年代論として読むことができるだろう。雑誌に目を移せば、『スタジオ・ボイス』の特集「CUT UP 80'sリヴァイヴァル以降の「80'sカルチャー」総括！」（二〇〇七年二月号）や『大航海』の特集「１９８０年代」（二〇〇八年六八号）などもある。

このように八〇年代について書かれた論考を並べてみると、その視点によって大雑把に二つの立場に大別できる。

ひとつは、八〇年代文化に文化発信側の当事者としてなんらかの形でかかわった著者による論考である。大塚英志（五八年生）、宮沢章夫（五六年生）、香山リカ（六〇年生）の本は、そうした論考の典型だ。これらは「八〇年代はスカだった」というメッセージに対する当事者からの返答としても読むことができる。それは、バブル経済と高度消費社会の狂乱として一括されがちな八〇年代文化シーンの複雑さを詳細に想起することを通じて、その可能性を探ったものなのだ。

その一方で、比較的若い世代に属する原宏之（六九年生）や北田暁大（七一年生）の議論は、八〇年代を消費者として過ごした側が、そうした経験をベースにしながら、当時の資料の事後的な検証によっていくぶん客観的な立場から八〇年代を検討したものである。大澤真幸（五八年生）の議論も、世代は前者に属するもののその視点は後者に近い。

いずれにしても八〇年代をめぐる議論を大雑把に二分すると、主観的な当事者の議論と社会学的な検証にもとづいた議論がある。そして、このこと自体八〇年代をどのように評価するのかということとも関係している。

たとえば、原宏之は、『バブル文化論』の中で、「仮に」と断りつつ《八〇年代的なもの》を「消費・所有によって変身（周囲の人物との差異化＝卓越化、階層の脱出……）できると信じられた時代であり、一九八六年頃から加速し、九三年頃に終息する」と定義する。(1)

こうした定義の中で原が取り上げている文化のリストは、『ポパイ』や『ホットドッグ・プレス』、『アンアン』や『ノンノ』のような雑誌文化とそれに密接な関係を持ったDCブランド、田中康夫や泉麻人のようなトレンド文化人、ファミコンやCDなどの新しいメディア・テクノロジー、『ふぞろいの林檎たち』や『男女7人夏物語』のようなトレンディ・ドラマ、そして、とんねるず、おニャン子クラブ、『オールナイトフジ』に代表されるフジテレビ文化である。たしかにこのあたりが、現在の一般的な八〇年代＝バブル文化のイメージなのかもしれない。

ここで原も述べているようにバブル文化は、時代区分で言えばあくまでも八〇年代後半の文化である。原の時代区分にしたがえば、七〇年代に「政治の季節」が終焉したあと八三年までは「戦後」の混沌《こんとん》期を引きずっており、八四年から八六年の間に「戦後」と「ポスト戦後」との決定的な断絶期がある。八六年から八八年のバブル文化への移行期を経て八八年から九三年までがバブル文化期であり、「ポスト戦後」の時代ということになる。(2)

けれども、八〇年代の前半に焦点を当てると、八〇年代の風景は実はずいぶんとちがったものになる。原と同じように、香山リカは、『ポケットは80年代がいっぱい』の中で、八〇年代を「プレプラザ」と「ポストプラザ」にわけたうえで、彼女自身にとっての八〇年代とは「プレプラザ」のほうだと述べている[3]。

六〇年生まれの香山は、八〇年代前半を医学生として東京で過ごす一方で、自動販売機でエロ雑誌と一緒に販売されていたサブカルチャー系インディーズ雑誌『ＨＥＡＶＥＮ』の編集にかかわり、東京のニューウェイヴ・シーンの渦中にいた。

東京医科大学を卒業した香山は、八五年には研修医になるために北海道に帰ったので、彼女にとっての八〇年代とはけっしてバブル文化ではなく、バブル文化が始まる前にうごめいていたアンダーグラウンドな音楽や雑誌の世界だった。『ポケットは80年代がいっぱい』は、当時まだ医学生だった彼女による自伝的な八〇年代論であるが、そこには原の議論と重なるところはほとんどない。

当事者でもなく、観察者でもなく

八〇年代の前半に新しい文化の可能性を見出すのか。それとも八〇年代文化＝バブル文化として、高度消費文化の成れの果てと見るのか。その議論は著者の世代や立ち位置によって大きく異なっている。

他方、八〇年代前半を関西で過ごし、バブルのまっただなかに西武セゾングループ系の広告会社に就職した私の経験は、前述のどちらともうまく一致しない。たとえば、原が八〇年代の「とんねるず的な文化」の両翼とするフジテレビの『夕やけニャンニャン』（八五〜八七年）も『オールナイトフジ』（八三〜九一年）も、一度も見たことがなかった。『夕やけニャンニャン』が放送されていた夕方五時という時間帯は、大学生や会社員がテレビを見る時間ではなかったし、その当時はまったく関心がなかった。『オールナイトフジ』にいたっては、私が大学時代を過ごした京都では放送されていなかった。

テレビですらそんな感じなので、東京のトレンディスポットや流行のショップやブランドを紹介する『ポパイ』や『ホットドッグ・プレス』のような雑誌の文化もまったく同時代的なものではない。たしかにその当時流行していたという記憶はあるが、自分自身がそこに触れた記憶が不思議なほどないのである。

それに比べると、香山リカの経験のほうにいくぶん親近感を持つ。

香山は『ポケットは80年代がいっぱい』の中で、村田晃嗣『プレイバック１９８０年代』を取り上げて、「本当に同じ時代を生きていたのだろうか。とても信じられない」と記しているが、その感覚は自分自身にも通じるところがある。

けれども、このこと自体が八〇年代的なのかもしれない。香山が東京にいたころ、私は関西にいたにもかかわらず、『ポケットは80年代がいっぱい』の中に驚くほど同時代のにおいを感じた。これは、八〇年代が、地域や世代別にある程度の均質性を見出すことができたそれまでの文化のあり方が断片化し、それぞれの文化が交錯することなく独自の展開を始める時代だったことを意味しているのだろう。

先にも書いたように、私は西武セゾングループ系列の広告会社に八六年に入社している。当時の西武セゾングループは、渋谷を中心に西武百貨店、パルコ、ＳＥＥＤなどの店舗展開をするほか、六本木に音楽専門ストアのＷＡＶＥをオープン、有楽町に出店するなど飛ぶ鳥も落とす勢いだった。糸井重里や浅葉克己など人気クリエーターを起用した「不思議、大好き」（八一年）、「おいしい生活」（八二年）に始まる広告キャンペーンは、パルコの文化事業や西武美術館の活動とともに、八〇年代文化をある種、象徴するものとなっていた。

けれども実際に入社して内部にいた印象としては、八五年あたりを転機に、西武セゾン文化の老化が始まったように思われた。広告も文化事業も外から見ていたような活気はすでになく、八〇年代前半までに作り上げた財産をゆっくりと食いつぶしている感じだった。バブル景気もあり、しばらく会社全体は浮かれたようすだったが、自分が期待していたような仕事が与えられることはほとんどなく、単調な日常生活に飲み込まれて、どこか取り残されているように感じていた。

こういうこともあり、くもりガラス越しに八〇年代を眺めていたような気がする。私は、とくに当事者というわけでもなく、かといってまったくの観察者になりきることもなく、斜めから時代を覗き見ていたのである。以下この章では、一般的に「バブル文化」と理解され、「スカ」だったと総括される八〇年代の文化を、当事者としてノスタルジックに回顧するのでもなく、観察者として実証的に検証するのでもなく、できるだけ自分自身の中途半端な立場を自覚しつつ、論じていきたい。

とりわけ重要なのは、先述したポストモダン思想、社会運動、そしてサブカルチャーの交錯とその関係の変容である。これらは八〇年代の文化や政治の中に断片的に散らばっていたが、その散らばり方は偶発的で相互に関係があるわけではない。また、そのいくつかは理論としても実践としても未成熟で、取るにたらないように見えるかもしれない。けれどもそうした断片を少しずつ拾い上げ、つなぎ合わせることによって、「ストリートの思想」の前史が見えてくるにちがいない。

ポストモダン思想からニューアカデミズムへ

八〇年代の日本の思想を考えるにあたって、ニューアカデミズム（「ニューアカ」）と呼ばれた動向を無視することはできないだろう。浅田彰の『構造と力』と中沢新一の『チベットのモーツァルト』の二冊の書物（ともに八三年刊）に代表されるニューアカデミズムは、フランスの記号論やポスト構造主義など最新の現代思想の理論を用いながら、軽やかかつ領域横断的に文化や政治、社会を論じるものとして八〇年代を通じてブームを形成した。

とはいえ、そこには背後に共通する政治的理念や理論的な体系が存在したわけではない。なによりもニューアカデミズムという言葉はメディアがつけたレッテルだった。構造主義やポスト構造主義の影響下で、従来の近代主義的、人間中心主義的、ロゴス中心的な思考に対する批判から始まったというところでは共通していたが、個別の思想家、たとえばルイ・アルチュセール、ジャック・ラカン、ミシェル・フーコー、ジャック・デリダ、ジュリア・クリステヴァ、そしてドゥルーズ＝ガタリの間の理論的な緊張関係や、そうした理論を生み出した政治的な背景はほとんど考慮されなかった。それは、自由に編集可能で、あらゆる場所に応用可能な「理論」として扱われたのである。

ニューアカデミズムをひとつのムーヴメントとして成立させたのは、その理論的な基盤以上にその記述のスタイルである。とくに当時まだ若い大学助手だった浅田と中沢の二人は、そのアイドル性もあり、大学や学会以上に新聞や雑誌などのジャーナリスティックなメディアで活躍した。

こうしたニューアカデミズム的な思想の流れはある日突然登場したのではない。中野幹隆が編集長を務めた『エピステーメー』や松岡正剛の『遊』（工作舎）は、こうした学際的な知を扱った雑誌として一部では熱狂的に受け入れられていた。あるいは、山口昌男や柄谷行人、栗本慎一郎、蓮實重彦などはすでに、フランスの構造主義やポスト構造主義の成果を取り入れながら、大学や専門領域という枠を越えて活躍していた。ニューアカデミズムも基本的にはその延長線上にあったと言える。

ニューアカデミズムがそれまでの領域横断的な知と決定的に異なる点は、その前の世代が依然として伝統的な人文学的知識を求める読者層を対象にしていたのに比べて、浅田も中沢も八〇年代に登場したサブカルチャーを単に分析しただけでなく、その文化の形成に中心的にかかわっていたことだろう。

とくに浅田と中沢が先に挙げたような思想や哲学の専門誌だけではなく、一般誌にまで積極的に登場し、サブカルチャーやポップミュージック、コミック、お笑いからテレビゲームにいたるまで同時代的な文化にコミットするようすは、それまで一般社会から遊離しているように見えた人文学の知識の新しいあり方――それがまさしく「ニュ、ー、アカデミズム」ということなのだろうか――を示唆しているように思われた。

人文学の危機

今から振り返ってみるとこのニューアカデミズムは、八〇年代に集約される一時の流行というよりも、学生運動がピークを迎えた六八年以降ずっと続いてきた大学制度の変容と、それにともなって生じた人文学的知識人の変容を象徴するものだった。「大学解体」をスローガンにした全共闘運動は、大学のキャンパスでは一部の党派を除き衰退していったが、実際のところその「大学解体」は、とりわけ人文学や社会科学においては予想しない形でゆっくりと浸透していったのだ。

六八年の大学紛争において、伝統的な大学知識人たちの多くは、大衆運動や大衆文化に対して権威主義的な態度を取ったとして学生たちからの厳しい批判にさらされた。典型的な例は東大紛争における丸山眞男である。丸山に限らず多くの大学知識人は、七〇年代を通じて社会運動や政治運動におけるリーダーシップを失っていった。

それにともなって、大学は自律した空間であることをやめ、企業社会へ入るための単なる準備期間の場となった。「モラトリアム人間」（小此木啓吾）としての大学生の登場である。大学はたしかに解体したが、それは学生たちの手に戻ったのではなく、流動化する資本の流れの一通過点へと融解したのだ。のちに触れるが、八〇年に発表された田中康夫の『なんとなく、クリスタル』が描く大学生は、こうしたキャンパスに通う若者たちである。

この「大学解体」とともに、自律した知識を探求するはずの大学、とりわけ人文学はその有効性を失っていく。これは、日本固有の出来事ではなく、世界的な潮流だった。六八年まで批判理論のチャンピオンだったマルクス主義的な人文科学も同様である。フランスの構造主義、あるいはポスト構造主義と呼ばれた一連の思想家、アルチュセールやフーコー、デリダたちは、みな六八年パリ五月革命の経験をふまえたうえで、新しい人文学を再構築しようとしたのだった。

日本においてこうした新しい潮流が、大学制度の中でいくぶん周縁化されていた人々によって導入されたのは、けっして偶然ではない。山口昌男は、その当時人文学の中では主流とはいえなかった文化人類学者であり、柄谷行人や蓮實重彦も主として語学や教養教育を担当しており、必ずしも人文学の中心にいたわけではない。裏を返せば、それまで人文学の中心と信じられてきた哲学・歴史学・文学は、こうした新しい動向についていくことができなかったのである。

ニューアカデミズムにおいても、浅田彰は経済学、中沢新一は宗教人類学という、いわゆる人文学の主流の外部、または周縁から登場した。そして、さらに言えば、中沢が八八年に東京大学の助教授に推薦されたのにもかかわらず否決されたことや、浅田が京都大学の人文科学研究所や経済研究所といった組織において最後まで中心的な役割を果たさなかった（あるいは自ら周縁に身を置いていた）こととも密接に関連しているだろう。ニューアカデミズムは、アカデミズムの周縁として生まれたのである。

そして、この「周縁」は大学制度の外側のメディアや大衆文化、広告といった文化産業とわかちがたく結びついていた。もちろん、それまでも公的な知識人としてメディアで積極的に発言する大学人は存在していた。けれども、厳然とした大学の権威はまだ健在で、公的知識人としての大学人はその権威に多かれ少なかれ寄りかかっていた。そしてこのことが大学に属さない在野の批評家や知識人との緊張関係をしばしば生み出した。それに対して、ニューアカデミズムはそうした権威に頼らずに、かつ大学に所属しながら大学外で積極的に発言するニュー、、、アカデミズムとして登場したのである。このことは、次章で述べる、ポストモダン理論の大学における制度化につながっている。

脱政治化されたポストモダン理論

けれども、こうしたニューアカデミズム的なフランス・ポストモダンの受容は、日本固有の文脈でなされた。とりわけその理論的な源泉であるポストモダン理論やポスト構造主義と呼ばれている思想と比較すると、無残なまでに政治が脱色されてしまった。

先に述べたように、アルチュセールやフーコー、デリダやドゥルーズ＝ガタリは六八年の学生運動「五月革命」の「失敗」——ここでカッコをつけたのは、評価がわかれるからだ——の衝撃から理論を組み立てた。それは伝統的なマルクス主義や批判理論の限界を示す契機となったのである。アルチュセールの「国家のイデオロギー装置」、フーコーの「言説」や「(ミクロな) 権力」、デリダの「脱構築」、そしてドゥルーズ＝ガタリの一連の概念装置は、いずれもきわめて政治的な意図を持った用語だった。それは、六八年から七〇年に起こった出来事を転機として新しく登場した「力」に対峙《たいじ》するための、闘争の思想だったのだ。

しかし「思想」といっても、それは単に理論的だっただけではない。この新しい理論は、社会における知識人の役割を再考させ、多くの思想家を具体的な政治的実践の場へと導いた。アルチュセールの生涯にわたる共産党との関係、「監獄情報グループ（GIP）」に参加し、囚人の権利運動を支援したフーコー、積極的に移民問題に発言するデリダ、そしてガタリの一貫した政治的な発言。こうした政治的実践は、その理論的実践のいわば必然的な帰結でもある。

これはサルトルのようなかつての知識人の政治参加とは異なるものである。というのは、六八年以降のポストモダン理論は、「政治」とは何か、「政治」の領域とは何を含むのかという、根本的な問いを含んでいるからだ。政治を伝統的なカテゴリーの中に保持したまま、政治に「参加」することは、結局のところ古い政治を延命させることになりかねない。したがって、この政治的実践はたえず理論的実践もまた要請する。それは人文学的知の臨界点をたえず問いなおすものだった。

日本のポストモダン理論は、結局のところこうした「政治」という問題を最後まできちんと立てることができなかった。この傾向は、ポストモダン理論が、広告や出版といった文化産業との蜜月時代である八〇年代を経て、大学の中で制度化されていく九〇年代に、よりはっきりとしていく。政治活動家としてのフーコーやデリダ、ガタリを、思想家としての彼らと区別しようという、日本流に脱政治化された、不思議な議論が大手を振ってまかりとおるようになるのである。

「愚鈍な左翼」と「ポストモダニスト」

さて、ここでガタリが東京を歩いた八五年に戻ろう。浅田彰と平井玄のどこまでも平行線を辿る議論の埋めがたい溝《みぞ》をなんとか埋めようとするのが、媒介者としてのガタリである。ここでのガタリの立場は、頑《かたく》なに運動の現場へのコミットメントに距離を取ろうとする浅田を諭《さと》す兄のようでもある。

下北沢のラジオ・ホームランなど日本の自由ラジオに大きな影響を与えた粉川哲夫を「愚鈍な左翼」と呼ぶ浅田に対し、「粉川氏は自由ラジオを発足させたのではないか。そしてあなたはしていない。ここに違いがある。彼が愚かな左翼だとしても、これは愚かではないよ(4)」と言ったあとで、次のように語りかける。ガタリ自身、ヨーロッパの自由ラジオ運動にコミットしていた。

多くの人たち、多くの社会的集団は生きのびるために愚かでいる以外に選択がない。利口になるには、それなりの手段が必要だ。それは社会学者たちも証明している。社会集団が理論的に知性を保有していても、その知性をパフォームさせることができない状況に陥ることもある。別の言い方をすれば、愚鈍と賢明という問題に関して私が思うのは、差異的方法でとらえられなければならないということです。（中略）もし知性を差異的に分析するならば、私はあなたが愚鈍と呼ぶ人たちに敬意をもちます。[5]

浅田の「愚鈍な左翼」発言については、平井も「愚鈍というのは挑発でしょう。僕は全共闘のころから挑発に乗るのは大好きだったよ」と反発し、「一般的な疎外論批判ではなくて、ロボット的「主体」の登場という歴史的コンテクストのなかで、それはミクロに再考されるべき」だと切り返す。[6] ガタリは平井の発言にはほとんど返答しないものの、それを受けて浅田に実践に対するいっそうのコミットメントを求めていく。

一見するとこの対立は、リアルな政治に対して距離を取る浅田と、状況を具体的な政治の問題として捉えようとする平井の対立であり、ガタリはどちらかといえば平井の側にいるように感じられる。しかし、先述したとおり、事態はそれほど単純ではない。むしろ浅田は、「愚鈍な左翼」を演じる平井の前で、あえて「ポストモダン派」を演じ、その間の分析装置《アナライザー》＝触媒装置《カタライザー》をガタリが演じ続けたというのがこの「東京劇場」だった。

そういえば、この本が出た直後に、浅田本人から「劇場」という設定自体が古いという不満を聞いた記憶がある。「劇場都市」という概念自体が、近代的な表象と上演を前提とした過去のパラダイムであり、発達した情報テクノロジーのネットワークに覆い尽くされ、切断と接続をたえず繰り返しているような都市は、「劇場」ではなくむしろ「工場」として捉えるべきだというような話だったと思う。

実際、平井と浅田の対立は都市の把握をめぐるものだった。この段階で、平井の都市のイメージはやはり「劇場」的だったように見える。たとえば、「山谷では自由ラジオは考えられないですか」というガタリの質問に対して、平井は「ここでは、（中略）路上で酒を飲んだり寝たりしながら話し合う、というような直接的コミュニケーションが残っていて、しいて自由ラジオをやる意味は、今のところはあまりない」と答え、(7)その一方でラジオ・ホームランの拠点であった下北沢を「市民社会」とみなしたうえで、「マス・メディアからあらゆる種類の音楽や言語の放射を受け続け」た結果、住民たちは「一種の受信機」になってしまっていると断じる。(8)ドゥルーズ＝ガタリの言葉を用いて、山谷の労働者たちの「器官なき身体」——資本や権力や社会的な関係性の中で分節化されることのない不定形の身体——と、下北沢の住民たちの「身体なき器官」——社会の中で秩序化・組織化され、欲望を一定方向に制御された個人

——が、平井の議論では対置されるのである。ここには消費社会という表舞台の背景に山谷を据える、劇場型モデルを見ることができる。

けれども、あとで詳細に検討するが、八〇年代中期には、一億総中流的幻想がかろうじて残っていた下北沢的な市民社会にもすでに亀裂が走っており、寄せ場的な状況は若者たちを中心に都市の中にじわじわと広がりつつあった。山谷は特別な地域ではなく、山谷的な状況がバブル経済に先行して東京全体に浸透しつつあったのだ。むしろ、下北沢のような一見大衆社会のように見える若者の街の中にも、すでに「器官なき身体」のような接続の線は引かれていたのであり、それが見えなかったということは、どこかに労働者をロマンティックに理念化する一方で大衆蔑視を捨て切れない、古い左翼的なパラダイムの枠組みに囚《とら》われてしまっているということだ。したがって、「この地域（引用者注：山谷）の他の人たち（直接的コミュニケーションの輪に入っていない人々）は（自由ラジオの）必要を感じているのではないでしょうか。あるいは音楽家やあらゆる他のグループにとって必要ではないか[9]」というガタリの問いかけの重要性を平井は見逃してしまうのだ。ガタリのプロジェクトでは、山谷の労働者を積極的にそれ以外の人々と連結させることが重要だったのである。

ここであとだしじゃんけんのように、平井を批判するのは私の本意ではない。むしろ平井のために補足すれば、二〇〇〇年以降の彼の作業が、山谷の労働者とフリーターの状況をいかに同じ地平の中で議論するのかということに向けられていることは、積極的に評価しなければいけない。

けれどもそのことを差し引いたうえでも、「愚鈍な左翼」と「ポストモダニスト」が「劇場」の舞台で結局出会うことなくすれ違ってしまったのは残念なことだ。「ストリートの思想」の可能性がこの両極の亀裂の隙間に、すなわち自由ラジオやインディペンデントレコードのようなDiY的文化実践の中に存在していたことは気づかれなかったのである。

浅田も平井も、この後ガタリが期待したような分析装置《アナライザー》＝触媒装置《カタライザー》を演じることなく、それぞれの役割へと引きこもってしまった。分析装置《アナライザー》＝触媒装置《カタライザー》は、ポップカルチャーの無意識の中へと移行していったのだ。

フォーディズムからポスト・フォーディズムへ

ところで、バブル以前の八〇年代に注目することは、七〇年代後半から八〇年代前半を一連のものとして捉えるということである。実際、九〇年代やゼロ年代の視点から見ると、この時期はバブル期以上に政治的・経済的・文化的な転換点だった。

それは、政治的に言えば、大平内閣（七八〜八〇年）と鈴木内閣（八〇〜八二年）を経て、中曽根内閣（八二〜八七年）へと移行する時期である。国際政治を見るとアメリカのレーガン政権（八一〜八九年）、イギリスのサッチャー政権（七九〜九〇年）へと移行する時期だ。端的に言えば、六〇年代までの福祉国家の時代が終わり、今日につながる市場原理を中心とした新自由主義的な政策が始まる時代である。

こうした動向は、七〇年代中期に起こった経済の構造転換に対応している。フランスのマルクス主義経済学であるレギュラシオン学派は、七三年の石油危機あたりを境として先進国の生産様式が、大量生産・大量消費を特徴とするフォーディズムと呼ばれるものから、ポスト・フォーディズムと呼ばれる新しい生産様式へと移行したことを指摘している。

フォーディズムとは、自動車会社のフォードが一九一〇年代に採用した工場生産様式である。分業、オートメーション、科学的管理法、九時〜五時の勤務体系、余暇の保障、労働組合など近代的な労働を規定してきたフォーディズムが、鉄鋼や機械など工業生産物から、情報や文化やメディア、サービスや金融など非物質的な生産物を中心とするポスト・フォーディズムへ移行するにしたがって、人々のライフスタイルもそれに合わせて再編された。

ポスト・フォーディズムの生産様式にとって重要なのは、フレキシビリティ（柔軟性）である。人々の嗜好《しこう》に応じて多様な生産ラインを要求するポスト・フォーディズム時代には、生産様式の迅速《じんそく》で微妙な調整がたえず必要となる。その結果、雇用形態は、フリーランス、パートタイマー、派遣社員など非正規雇用の形態で多様化していく。

典型的な産業の例が、テレビや雑誌などのマスコミ産業だろう。よく知られるとおり、マスコミ産業は大手のテレビ局や雑誌社のもとに、大量にプロダクションやフリーランスの個人を抱えている。こうした産業は、番組や特集に応じて毎回スタッフを編成する一方で、視聴者や読者の嗜好に合わせて細かく内容を調整していく。労働者の多くは、たえず潜在的な失業状態に置かれ、労働時間と余暇の区分は曖昧になる。

ポスト・フォーディズムの議論で重要なのは、こうした状況が文化や情報、メディアなどの非物質的生産の産業に限らず、既存の製造業の生産関係にも大きな影響を与えることである。とりわけ先進国においては、多くの製造業が商品企画やデザイン、ブランディング、マーケティング、広告、販売促進、そして経理・財務といった非製造部門を国内に残しつつ、実際の製造部門を、より安価な労働力を求めて海外にアウトソーシングする。結果として、従来の製造業もまたコミュニケーション力や創造力などにもとづいた非物質的労働によって覆われていくことになる。

そして、このグローバルな規模のアウトソーシングと並行して、国内においても別の亀裂が走ることになる。飲食・サービス業を中心にアルバイトなど非正規雇用が数多く導入されるのである。グローバルな規模での労働市場の規制緩和は、労働者を二極化することで福祉国家的な理念を崩壊させ、国家を新自由主義へと走らせる。レーガン、サッチャー、中曽根といった先進国の政権が採用した新自由主義は、ポスト・フォーディズム生産様式に対応する政策である。

「政治」から「サブカルチャー」へ

イタリアの哲学者パオロ・ヴィルノは、ポスト・フォーディズムが生んだこうした生活様式を六八年の学生運動に対するひとつの回答として捉えている(10)。世界的に広がった六〇年代末の学生運動は、基本的には急激に増加した高学歴ミドルクラスの叛乱《はんらん》だったが、それは同時に産業構造の変化に対応する構造改革の要求だった。六八年の学生運動は、学生の側から見れば挫折に終わったが、かといって国家側が勝利を収めたわけではない。実際に勝利を収めたのは、七〇年代を通じて本格化するポスト・フォーディズム的な生活様式とそれに続く新自由主義である。

つまり、ポスト・フォーディズム的生活様式とは、皮肉なことに一方で六八年に代表される学生運動が勝ち取ったものでもある。学生運動の嵐がやむと、多くの学生は何事もなかったかのように企業へと就職した。荒井由実が作詞作曲をし、フォーク・デュオ、バンバンが歌ったヒット曲「『いちご白書』をもう一度」（七五年）には、学生集会に参加していた青年が「就職が決まって　髪を切ってきた時　もう若くないさと　君に言い訳したね」という一節があるが、まさにこの団塊世代が七〇年代以降の新しい日本経済を支えていくことになる。

六八年に代表される政治運動は、七〇年代にはいくつかに分裂する。狭義の「政治」として目に見える形で残存したのは、政治的に先鋭化し、「内ゲバ」と総称される内部抗争に明け暮れることになる政治党派だった。七二年に起きた痛ましい「浅間山荘事件」の影響もあり、こうした政治闘争はしばしば「過激派」というレッテルを貼られ、大衆の支持を失っていく。

むしろ、より大衆的な運動として七〇年代に発展したのは、さまざまな市民運動――環境運動や反戦運動、反核運動や女性運動――だろう。こうした運動は、七〇年ごろまで社会を覆っていた素朴な進歩主義史観、近代主義を疑問に付す一方で、伝統的なマルクス主義の階級闘争史観を超えるものとして、ゆっくりとではあるが、着実に広がっていった。こうした運動は、今日の「ストリートの思想」のひとつの起源を形作っている。

さらに興味深いのは、六八年のラディカルな政治意識が、むしろ狭義の「政治」とは異なった、別の領域に流れ込んでいったことである。それは、いわゆる「サブカルチャー」という領域だ。すでに、大塚英志や北田暁大が指摘しているように、一連の連合赤軍の事件には、同時代的なサブカルチャー、コミックなどの影響を容易に見て取ることができる。それ以上に重要なのは、六八年の全共闘運動にかかわった少なからぬ人々が七〇年代に、出版や広告産業（その中にはエロ本業界に代表されるさまざまなアンダーグラウンドな文化産業も含まれている）に流入し、八〇年代後半のバブル文化を準備しつつも、彼らなりの「革命」を継続していたことだろう。ポスト・フォーディズム体制は、六八年が取り残した人々にあらためて活動の場を供給したのである。

大塚英志は、その代表的な存在として糸井重里を挙げている。八〇年代を代表するコピーライターである糸井が、全共闘運動にかかわっていたことはよく知られているが、大塚によればここでの「革命」の連続性は、その事実にとどまらない。糸井が目指した革命とは、『ヘンタイよいこ新聞』やNHKで放送されていた『YOU』という視聴者参加番組などを通じて、「素人」をメディアに登場させることによって「階級差を消滅させること」だったという。(11)

糸井がどの程度自覚的だったのか、私には検証する術《すべ》がない。仮に戦略的だったとしても、今の視点から見れば、糸井の戦略はあまりにナイーヴに過ぎ、対抗軸というよりも八〇年代の高度消費社会との親和性のほうが高かったように見える。

けれども、七〇年代から八〇年代を通じて多くの若者が文化産業やメディア産業に——さまざまな形で——なだれ込み始めたことは事実だろう。既存の大手メディアと読者との隙間に、多くのインデペンデント系の雑誌が登場する。香山が参加していた『HEAVEN』も、またそうした雑誌のひとつである。またこの傾向は、雑誌だけではなく音楽においてより顕著に見られた。

さらに言えば、コンビニエンスストアの登場（諸説あるが、「セブン‐イレブン」の一号店の登場が七四年なので、いずれにしても七〇年代後半から八〇年代に拡大した）に端的に示されるような、勤務形態がフレキシブルなポスト・フォーディズム的労働条件は、プロフェッショナルとして生活できなくても、音楽や演劇、芸術などにコミット可能な、潜在的な——プロとアマとの中間的な——表現者の存在を可能にした。これは、ポスト・フォーディズム体制の発展に対応したものだが、同時に六八年をめぐる政治が獲得し、七〇年代から八〇年代にかけて見えてきた政治的・文化的条件だったのだ。

パンクロックとDiY的インディーズ文化

八〇年代前半のサブカルチャーの思想的な意義についてもう少し考えてみよう。海外に目を転じると、ポスト・フォーディズム的状況にいち早く対応した対抗文化として登場したのが、パンクロックであり、それに続くインディーズ系の雑誌だった。シンプルな曲の構成と過激なメッセージを特徴とするパンクロックは、巨大化しつつあった音楽産業に対抗するかのように、七〇年代の初めにアメリカに登場し、七〇年代半ばに大西洋を越えてイギリスに渡る。「パンク」という言葉を一躍有名にしたのは、「アナーキー・イン・ザ・UK」や「ゴッド・セイヴ・ザ・クィーン」などスキャンダラスな曲を引っさげて七六年に登場したセックス・ピストルズだった。けれども、ここでパンクの歴史をイギリスやアメリカに独占させるべきではない。実は、日本においてもほとんどリアルタイムでパンクやニューウェイヴのムーヴメントが登場している。

また、その衝撃度においてパンクの代名詞として語られるセックス・ピストルズのみが重要だったわけではない。テレヴィジョンやトーキング・ヘッズなどの、より文学的なニューヨーク・パンクや、「ラフトレード」や「4AD」など新興のレコード

フリクション　名古屋芸音劇場　1979年4月28日（撮影：地引雄一）

レーベルとともに登場した、よりアンダーグラウンド色と政治色の強いオルタナティヴ・ロックもほぼ同時期に日本で紹介され、同時代的なシーンを形成していたことも指摘しておくべきだろう。日本のパンクは、その政治的なメッセージが脱色され、ファッションとして輸入されたという見方があるが、それは表層的な見方である。

日本のインディーズ文化とパンクを考える時に重要なのは、「東京ロッカーズ」と「関西ノーウェイヴ」である。前者は、七〇年代の終わりにS-KENスタジオ（六本木の貸しスタジオ）のまわりで活動していたミュージシャンたちの総称だ。主なバンドとしては、フリクションやリザード、S-KENなどがある。「東京ロッカーズ」とは、彼らが七九年に発表したライヴアルバムのタイトルでもある。

なかでも、フリクションは、リディア・ランチが率いていたティーンエイジ・ジーザス・アンド・ジャークスにベースとして参加していたレックを中心としていたこともあり、ニューヨークと同時代的な雰囲気を強く漂わせていた。私がティーンエイジ・ジーザス・アンド・ジャークスのことを初めて知ったのは、ブライアン・イーノがプロデュースした伝説的なニューヨーク・パンクのコンピレーションアルバム『ノー・ニューヨーク』（七八年）だったが、パンクというよりも前衛アートを思わせるフリーキーなサウンドは、セックス・ピストルズでさえ古く思わせるほど斬新なものだった。「東京ロッカーズ」の登場は、これまで輸入文化でしかなかった日本のロックが初めて世界レヴェルで動き始めたことを実感させる「事件」だったのだ。

とはいえ、京都で学生生活を過ごした私にとってより重要だったのは、「関西ノーウェイヴ」と総称された一群のバンドのほうだったかもしれない。ウルトラ・ビデやSS（エスエス）、Ｐｈｅｗが参加していたアーント・サリー、今では町田康として知られる町田町蔵のＩＮＵなどがその中心だったが、東京のバンドよりもアンダーグラウンドでインデペンデントな特徴を強く持っていた。さらに言えば、東京ロッカーズの持っている「都会っぽさ」「バタ臭さ」が関西では少し鼻についたこともあり、地元の関西のバンドに惹《ひ》かれていたということもある。

いずれにせよ、七〇年代末から八〇年代初頭の東京や関西のパンク／ニューウェイヴ・シーンの勃興《ぼっこう》について考えると、今でも当時のドキドキする感覚を思い出す。その一方で、今振り返ると、それがまたグローバルな規模で起こっていた広範囲な文化・政治の構造転換に対抗するひとつの戦術だったことが見えてくる。

それは、高度消費社会やポストモダン文化として一括りにされがちな、表層的で浮ついた文化に対して、なんとか自律的で、消費されることのない文化を自ら作っていこうとする動きであり、英米圏のパンクのスローガンを用いればDiY的な身振りだったのだ。

それは、関西においては、『ロックマガジン』のようなインディーズ系の雑誌や京都大学西部講堂の自主管理コンサート（トーキング・ヘッズやストラングラーズ、そしてポリスが出演した）、ビートクレイジーやスタックオリエンテーションのような自主イベントプロダクションとして登場した。これらのインデペンデントな組織は、必ずしも直接政治を扱っているものではなかったかもしれないが、既存の社会に対して違和感を表明し、消費社会の資本主義的な原理に対して不信感を表明している点において、まちがいなく新しい政治のあり方だったのである。

時間と空間の圧縮

ひとつ指摘しておきたいのは、こうしたシーンがこの当時一気に進んだグローバル化にともなう情報の均質化による「時間と空間の圧縮」[12]（デヴィッド・ハーヴェイ）に支えられていたということである。この圧縮は国内外双方に対応している。「東京ロッカーズ」や「関西ノーウェイヴ」が国外と同時代的な雰囲気を漂わせていたと述べたが、たとえば先に挙げたＰｈｅｗは、ソロ活動を始めたあと八〇年には坂本龍一との共作『終曲（フィナーレ）／うらはら』を発表し、さらに八一年には当時のエレクトロニック・サウンドの電源地でもあった西ドイツ、ケルンのコニー・プランクのスタジオでソロアルバム『Ｐｈｅｗ』を制作している。

そもそも坂本龍一が七八年に細野晴臣、高橋幸宏と結成したイエロー・マジック・オーケストラ（ＹＭＯ）こそ、テクノポップの世界的先駆けだった。フリクションのファースト・アルバム『軋轢《あつれき》』（八〇年）もまた坂本のプロデュース（共同）によるものだが、この当時すでにＹＭＯがヒットチャートを賑《にぎ》わせていたことを考え合わせれば、すでにメインストリームとインディーズの境界もまた、グローバルなシーンの均質化に対応して曖昧になっていたことがわかる。

この「時間と空間の圧縮」の効果は、国内にも広がっていた。たとえば、「東京ロッカーズ」と「関西ノーウェイヴ」には、ライヴハウスや大学祭のイヴェントを通じてかなりの相互交流があった。中でも重要な役割を果たしていたのはカセット・テープの流通である。メジャーでレコードを出すことがなかった多くのバンドは、カセット・テープでデモテープを作り、仲間たちに配ったり、知り合いのレコードショップで販売してもらったりしていた。またお気に入りのバンドがあれば、そのライヴをカセット・テープに録音して、配ったりするファンもいた。

ソニーのウォークマンは七九年に発売されていたが、録音対応が出回るのはさらにしばらくあとのことなので、録音には大型のラジカセが用いられた。テレビやラジオでかけられることがなく、レコード会社が興味を示さないバンドの楽曲は、インディーズから発売されたレコードでなければ、カセット・テープによって流通していたのである。あるいは、レコード化されていたとしても若者たちには十分に高価だったレコード音源は、カセット・テープという形式に変換されて、日本中に広がっていた。

サカエのつぶやき

国際的な音楽シーンに直結した日本のアンダーグラウンドな文化の情報が、均質化しつつあった日本国内を流通していくようすは、岡崎京子が八〇年代初頭を回顧的に描いたマンガ『東京ガールズブラボー』(13)（九三年）に見ることができる。

『東京ガールズブラボー』の主人公である金田サカエは、札幌に住む女子高生で、東京ロッカーズや坂本龍一、あるいは「ツバキハウス」や「ピテカントロプス・エレクトス」などのクラブに憧《あこが》れて毎日、友人たちとそんな話ばかりしている。そのサカエが、ある日突然、両親の離婚によって東京に転校し、念願の東京デビューを果たすことになる。けれども、実際の東京は札幌で思っていたほどオシャレでもトンガッてもなく、学校でも話し相手を見つけることができない。この作品は、苦労しながらも東京ライフを楽しむようになるサカエのドタバタを描いたものである。

ここで興味深いのは、東京の一部の人にしか知られていないアンダーグラウンドな情報が、札幌のような地方都市にさえある密度をもって入っていたという事実である。半ば自伝的な――とはいえ、岡崎京子は巻末の浅田彰との対談の中で主人公に対して「あまりにもバカなので、描いててハラがたってきちゃって……」と、主人公との距離も強調しているが――この作品は、七〇年代末から八〇年代初頭にかけて、インディーズ文化が国内のいたるところに浸透していたことをはっきりと示しているのだ。それは、多くの八〇年代論者が、東京ローカルにしかすぎなかったフジテレビ的なテレビ文化を、自省することなく日本の八〇年代を象徴するものとして描いていることときわめて対照的である。それは、エッジが利いた限られた情報だったからこそ、一定の層に浸透していたのだ。

『東京ガールズブラボー』は、サカエのつぶやきで終わっている。「YMOは散開しディズニーランドは千葉にできて／ローリーアンダーソンがやってきて／松田聖子がケッコンした／ビックリハウスが休刊して「アキラ」が始まった」。サカエは、「何となく「どんどん終ってくな」という感じが」していたと言い、最後に次のようにつぶやく。

そしてそれから
みんな、口をそろえて
「80年代は何も無かった」ってゆう
何も起こらなかった時代
でもあたしには……(14)

「……」で、岡崎京子はサカエに何を語らせようとしたのだろうか。ひとつは、もちろん『東京ガールズブラボー』に描かれている出来事だろう。けれども、もしそれだけならあらためて「……」と繰り返さなくともよかったのではないか。それは、「これこれのことがこのように起こった」と記述できるものではない。けれども実際には起こらなかった架空の話でもない。それは九〇年代には忘れられてしまった、可能性としての「出来事」なのではないか。

ＥＰ－４とじゃがたら

八〇年代のパンク／ニューウェイヴ・シーンをめぐって、二つのバンドを取り上げたい。京都のＥＰ－４と東京のじゃがたらである。どちらもその活動が活発だったのは、「東京ロッカーズ」や「大阪ノーウェイヴ」が一段落して、インディーズのシーンが『宝島』や『フールズメイト』といった音楽雑誌やサブカルチャー雑誌で紹介され始める八二年ごろからであるが、ともに一部のファンにカリスマ的に信奉されたにもかかわらず、結局メジャーなシーンに登場することがなかったという点でも共通している。

音楽的には、どちらもエスニックなファンクビートとニューウェイヴ的な実験性をベースにしていたと言えないわけではない。けれども、現在残っている音源を聴き比べても、ファンクとニューウェイヴという言葉以外の共通点を見出すことはむずかしい。むしろ私にとって興味深いのは、この二つのバンドが持っていた広義の政治的身振りである。時にそれは、ミュージシャン固有の、自意識過剰で思わせぶりなものだったが、それゆえに独特のカリスマ性を帯びていた。

ＥＰ‐４にしてもじゃがたらにしても、今では一部の音楽ファン以外はほとんど知らないだろうから、少し詳しく説明しておいたほうがいいだろう。ＥＰ‐４は、八〇年代に京都で活動していた「伝説の」テクノ・ファンク・バンドである。「伝説の」というのは、圧倒的な人気を誇ったということもあるが、そもそもライヴの回数が同時代のほかのバンドに比べて圧倒的に少なく、メディア（といってもインデペンデント系の雑誌やサブカルチャー雑誌に限られるが）での話題のほうが先行していたからである。

残されている数少ない資料によれば、結成は八〇年。京都のディスコ「クラブ・モダーン」周辺に集まっていたメンバーを中心に結成されたという。中心となったのはヴォーカルを務めることになる佐藤薫。ちなみにこのクラブ・モダーンは、ブラックミュージックを中心としながらも、ニューウェイヴからエレクトロニックポップまでをかける一種アヴァンギャルドなクラブとして知られていた。東京で最初にできたニ

EP-4 ヴォーカルの佐藤薫（撮影：地引雄一）

ユーウェイヴ系のクラブといわれるピテカントロプス・エレクトスのオープンが八二年だから、それよりも早い時期に同様の音楽を先行してかけていたことになる。ただ、あくまでもファンクやブラックミュージックがベースにあるところや、八〇年代バブル文化につながるいわゆる「ギョーカイ」の顔が見えなかったところが、いかにも京都らしい。

そもそも関西では阿木譲が編集したインディーズ雑誌『ロックマガジン』が、ヨーロッパの新しい音楽動向を東京のメジャー誌よりも早く紹介し、すでに七〇年代末には圧倒的な影響を関西のアヴァンギャルド・シーンやパンク／ニューウェイヴ・シーンに与えていた。この当時の大阪や京都の動向を知っておくことは、東京中心の文化史を批判的に捉えるうえで重要だろう。バブル文化とは、こうした関西の文化のある部分を、東京の資本が文化商品の中に組み込んでいくプロセスでもあったのだから。

ストリートを乗っ取るEP‐4

EP‐4のサウンドは、ファンクとはいえあくまで都会的で無機質な冷たさを保ったものだった。ヴォーカルの佐藤薫の声は、極度にエフェクトをかけられ、その歌詞をはっきりと聴くことはできない。最近になってCDが再発されているが、それをあらためて聴きなおすと、当時のスロッビング・グリッスルのような、実験的なインダストリアル・ノイズ系バンドの影響が、ダンスミュージック以上に色濃いことがわかる。

けれども、EP‐4を現在の文脈で語るとすれば、音楽以上にその独自のメディア戦略に注目するべきだろう。先に述べたように、彼らはライヴ活動やメディアへの露出を限定していた。たとえば初期の音源にしても、ペヨトル工房から書籍扱いで『制服・肉体・複製』というカセットブックとして出すなど、メディア流通のラディカルな実践によって独特の存在感を示していた。ペヨトル工房は当時シュルレアリスムや幻想文学、現代思想や日本のアンダーグラウンド演劇や文学を扱った異色の編集方針で知られた版元である。

ＥＰ－４を一躍有名にしたのが、八三年五月二一日のプロジェクトである。この日は、ＥＰ－４の初めてのアルバムの発売予定日だったが、そのアルバムタイトルもレコード会社も伏せられたままだった。彼らは、その代わりと言うべきか、「ＥＰ－４　５・21」とだけ書かれたステッカーを六万枚、東京や京都の壁や電柱に無差別に貼りつけるというゲリラ的な宣伝活動を行った。もちろんほとんどの人はＥＰ－４というバンドのことなど知るよしもなく、なにやら宗教めいた謎のステッカーにしか見えない。けれども、雑誌などで知っている人には強烈な印象を与えた。

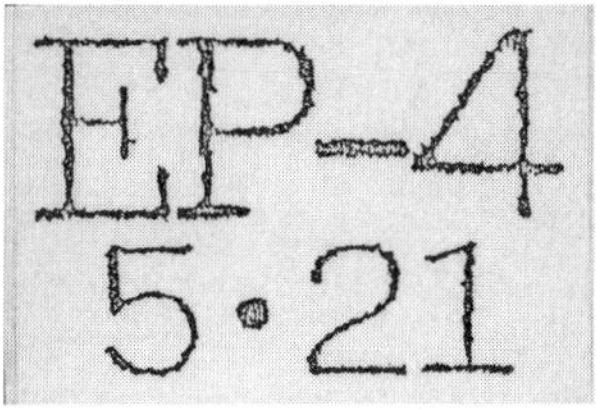

EP-4　5・21ステッカー（撮影：地引雄一）

私も京都で友人から、ステッカーの束をもらった。あまり熱心に貼らずにいたら、ある日突然街中にこのステッカーが大量に貼られているのを見て衝撃を受けた記憶がある。大袈裟かもしれないが、街がＥＰ－４のプロジェクトに乗っ取られた気がしたのだ。

五月二一日、ＥＰ－４は、京都―名古屋―東京と移動しながらライヴを敢行する。最後の東京のライヴは深夜の渋

EP-4『昭和大赦』ジャケット

谷パルコの駐車場で行われたが、アルバムの発売は延期になってしまった。予定していた「昭和崩御」というタイトルがレコード制作基準倫理委員会の規定に触れたからだと言われている。のちに、このアルバムは、「昭和大赦」というタイトルに変えられ、レコードジャケットも藤原新也が撮影した「軍鶏《しやも》」の写真から、やはり藤原が撮影した「予備校生金属バット両親殺人事件」が起きた家の写真へと差し替えられて発売された。「予備校生金属バット両親殺人事件」とは、八〇年に起こった、当時二〇歳の予備校生が、両親を金属バットで殴り殺した事件である。受験に対する過度なプレッシャーが生んだ、時代を象徴する出来事として当時話題になった。

サブカルチャーのシチュアシオニスト的実践

ＥＰ－４は、この後各人の活動が忙しくなったこともあり、徐々に活力を失っていく。とくに中心メンバーだった佐藤薫の消息がわからなくなってしまったため、八〇年代前半に一瞬だけ盛り上がった徒花《あだばな》的なバンドとして扱われることも多い。再発されたCDを聴いてもいまひとつピンとこない人も多いかもしれない。

けれども、単なるバンド活動を超えて、彼らの活動を一種の政治的・芸術的実践として捉え、「ストリートの思想」の中に位置づけるとまた違った評価が可能になる。それは、日本における数少ないシチュアシオニスト（状況主義者）的実践と呼べるかもしれない。

イギリスの七〇年代のパンクロックが、単なる音楽ムーヴメントではなく、六〇年代以降にヨーロッパで広がったシチュアシオニストという政治芸術運動の一ヴァージョンだったということは、音楽社会学者のサイモン・フリスやハワード・ホーンなどから指摘されてきた(15)。

『スペクタクルの社会』を著した思想家ギー・ドゥボールをはじめとするシチュアシオニストたちは、商品経済とメディアによって徹底的に支配された現代社会を「スペクタクル（見世物）の社会」と名づけ、この社会では私たちの生が徹底的に受動的なものとして封じ込められていると考えた。

こうした時代に、伝統的な「政治」の領域だけで権力闘争を行うことは不可能だし、ロマンティックな未来の革命を思い描くこともできない。その代わりに彼らは、資本によって奪い取られている都市空間やメディアを自分たちの手に奪還することで、一時的であれ自分たちの生き生きとした「生」を取り戻すことを試みたのだった。

シチュアシオニストの活動は、必ずしも一般的に知られたものではなかったが、六八年のパリ五月革命の際に、「けっして労働するな」や「死んだ時間なしに生きること、制限なしに楽しむこと」「君たちの欲望を現実とみなせ」と書かれたビラや落書きが街に溢れたことによって、一躍注目を集めることになった。これらはみな、シチュアシオニストのスローガンである。

フリスとホーンによれば、七六年のパンクロックの立役者であるセックス・ピストルズのマネージャー、マルコム・マクラーレンやグラフィックデザイナーのジェイミー・リードもシチュアシオニストの運動にかかわっており、彼らはその思想をポップカルチャーの中で翻案したというのである。実際、パンクの騒々しさ、ポップな過激さは、「スペクタクル社会」に対抗するもうひとつのスペクタクルの創出だったのだ。

先に日本のパンクやニューウェイヴの同時代性について述べたが、おそらく日本の音楽シーンにおいてもっともシチュアシオニスト的な都市の実践を行ったのがこのEP－4の5・21プロジェクトではなかっただろうか。エリザベス女王の顔に目張りをした衝撃的なジャケットの、セックス・ピストルズの「ゴッド・セイヴ・ザ・クィーン」に、もし対応する可能性が日本の音楽シーンの中にあったとしたら、それは「昭和崩御」というアルバムタイトルだったのではないかと思えるのだ。

けれども、残念なことにその試みも、日本独自の制度である事前検閲と自粛という制度に阻《はば》まれ形をなすことはなかった。結局、オリジナルのジャケットの軍鶏の写真を見ることができたのは、実際に年号が平成に変わって数年経った九三年に、ペヨトル工房が書籍の形式で復刻してからのことだった。

寿町のフリーコンサート

じゃがたらのデビューは七九年だが、最初のころは、ヴォーカルで中心的存在だった江戸アケミが、ニワトリを生きたまま食べたり、脱糞、浣腸したりといった、その過激なパフォーマンスで話題になった。キワモノ的なバンドに見られがちだった、じゃがたらに対する評価が一転するのは、暗黒大陸じゃがたら名義で八二年に発表された『南蛮渡来』によってである。

ファンクやレゲエなど大胆なアフロ／エスニック・ビートを取り入れたこのアルバムは、江戸アケミ独特の呪術的な歌唱とあいまって、ダンスミュージックの中に奇妙な土着性を取り入れた作品となった。フェラ・クティを思わせるじゃがたらのファン

じゃがたらのヴォーカル、江戸アケミ（撮影：地引雄一）

クは、動物的で荒々しく、歌詞は、黒いユーモアに満ちている。音楽批評家からも好意的に受け入れられ、じゃがたらは一躍、八〇年代を代表するインディーズバンドとなった。

　とはいえ、じゃがたらをめぐる一般的なイメージは、音楽にとどまらない。初期の過激なパフォーマンス、その後の江戸アケミの精神疾患、そして浴槽での溺死（一九九〇年）までスキャンダルに満ちている。それはバブルの時代として括られがちな八〇年代のダークサイドを象徴しているようだ。

　じゃがたらは、政治的な場所をライヴ会場としてしばしば選んだ。とくに横浜の代表的な寄せ場、日雇い労働者の街として知られる寿町《ことぶきちょう》で毎年行われるフリーコンサートには、八三年に初めて出演した後も、八六年から八九年まで出演を続けた。このライヴの一部は、ヴィデオ『ナンのこっちゃい』で見ることができる。江戸アケミは「ウォーターフロントがブームになったりしているだろ。たしかに設計した奴のオ能もあるかもしれん、でもな、建物を造っているのは誰だ？　そこで働いてたおっちゃんたちだぞ、そのことを忘れたらいかん」と語っていたという。[16]

江戸アケミは、寿町のフリーコンサートで踊る「おっちゃんたち」をことのほか気にいっていたようだ。それは彼らの反応がストレートだったこともあるが、同時にこの時代のバブル景気なるものを支えていたのが彼らであることを強く意識していたからだった。このことだけをとっても、じゃがたらが八〇年代に文化と政治の交錯点としての役割を果たしていたことがわかる。

対抗的ダンスカルチャー

けれども、私がじゃがたらに関心があるのは、彼らが直接政治を扱っているからではない。政治的な場所で演奏しているからでもない。むしろ、音楽そのものの政治性にある。それは、当時としてはめずらしいほど直接ファンクに影響を受けていた、そのダンスミュージックが作り出していたある集合性である。

私がじゃがたらを最初に見たのは、学生のころ、京都の同志社大学の野外ライヴの時だった。『南蛮渡来』はおそらくすでにリリースされていたはずだが、私はまだ聴いていなかった。八二年か八三年か、記憶ははっきりとしていない。ほかにどんなバンドが出ていたのかも覚えていない。

しかし、その時のじゃがたらの異様な迫力は群を抜いていた。大人数のメンバーからなるバンドが強烈なリズムを叩き出していたが、江戸アケミはさらに強烈な存在感を放っていた。いわゆるファンクやアフロ／エスニック・ミュージックのようなダンスミュージックのたたずまいではなく、むしろパンクのそれに近いものだった。

実はじゃがたらを聴くまで、いわゆるダンスミュージックは必ずしも好きではなかった。そもそも「踊る」ことに対して照れがあったし、反復するビートに単純に乗ることに対する、今思えばあまり意味のないような、若者特有の過剰な自意識もあった。より理論的な問題意識としては、「踊る」という行為が「踊らされる」という行為にいつのまにか転化することを危惧《きぐ》していたのかもしれない。

じゃがたらで踊るという経験は、どこかそうしたダンス文化の熱狂から身を引き離しつつ踊ることを可能にした。それは音楽による身体への働きかけだが、当時ディスコでかかっていた商業的なダンスミュージックとは異なり、主流の資本主義や権力が要求する欲望の流れに抗《あらが》うような、ひきつったダンスを要求したのである。

おそらく、二つのダンスカルチャーが存在しているのだ。ひとつは、資本の流れにそって人々を集め組織し、身体の規律と訓練をはかり、人々を物質的な塊《マス》へと閉じ込め、結果的に今ある権力と資本を維持し、拡大させるような「反動的ダンスカルチャー」である。もうひとつは、人々を集めるものの、けっして統一することはせず、無数の方向へと欲望や身体を解放していくための緩やかな「群れ」を形成しようとする、「対抗的ダンスカルチャー」である。

　世界的に見ると八〇年代の対抗文化は、六〇年代のロックや七〇年代のパンクとは異なり、はっきりとこの「対抗的ダンスカルチャー」と結びついている。アメリカのゲイコミュニティの中から生まれて八〇年代に広がったハウスミュージックは、七〇年代のパンクとはまた違った形で、自律した空間やインデペンデントのレコードレーベルを中心に、独自のＤｉＹ文化を生み出した。八〇年代末には、それがヨーロッパへも飛び火して、巨大な商業資本に頼らずに、自らダンスパーティを企画するレイヴカルチャーが広がった。それは、踊らされずに自分で踊ろうとする「対抗的ダンスカルチャー」だったのである。それは、言語やイデオロギーに頼らずに、より直接的なレベルで身体や欲望を再編することで、対抗的で集合的な言説を作り出していこうとする、新しい文化と政治だった。

　日本でこうした文化が紹介されるのは、九〇年代以降だったが、じゃがたらのアフロビートは、八〇年代の後半以降に広がるダンスの政治学を、日本的な文脈で先取りしたものだったのである。

坂本龍一とインディーズシーン

ここまで取り上げてきた八〇年代初頭のミュージシャンたちの動向は、その当時『宝島』や『フールズメイト』などサブカルチャー誌を読んでいた人たち以外にはそれほど知られたものではなかった。あくまでも限られた人たちの間の、しかし、それゆえに熱狂的に受け入れられたムーヴメントだった。

今日八〇年代が語られる時に取り上げられるのは、音楽であればＹＭＯとそれ以降のテクノやニューウェイヴであり、それを取り巻くサブカルチャーやファッションであり、浅田彰や中沢新一といった新しい知のスターの登場とともに現れたニューアカデミズムである。

バブル経済が始まる直前の八四年、それまでの硬いイメージを払拭《ふっしょく》して軽いカルチャー誌へと変貌していた『朝日ジャーナル』が、当時の筑紫哲也編集長のもとで、目玉企画として「若者たちの神々」というインタビュー・シリーズを始めた。そこで取り上げられた「神々」の中には、坂本龍一や細野晴臣、浅田彰、中沢新一、戸川純、ビートたけし、糸井重里、山本耀司といった名前を見ることができる。こうしたきらびやかな「神々」と混沌《こんとん》としたインディーズのシーンとの間には、今日の視点からは距離があるように見える。

けれども、八〇年代初頭の雰囲気のひとつの特徴は、先述したように、メインストリームとインディーズとの境界がそれほど明確ではなく、アナーキーで混沌とした様相を呈していたことである。ここで取り上げられている「神々」が登場したBGMとして、私がこの章で紹介したようなフリーキーでジャンクなパンク／ニューウェイヴが流れていたことは、いくら強調してもしすぎることはない。

たとえば、八〇年代前半のインディーズ音楽のシーンで、重要な役割を果たしたのはほかでもない坂本龍一である。ここまで取り上げたミュージシャンのうち、坂本とかかわりを持った者はけっして少なくない。先に書いたとおり、フリクションやPhewのアルバムのプロデュースは坂本が行っているし、EP‐4とも何度か競演をしている。YMOで国民的なスターになっていく時期の坂本が、メインストリームでも活躍していた数少ないミュージシャンとして、このシーンに与えた影響は小さくない。

しかし、「神々」として登場した八〇年代半ばになると、坂本の活動がインディーズシーンと交錯することはほとんどなくなった。強いて言えば、八一年から彼がDJを務めていたNHK‐FMの『サウンドストリート』の「デモテープ特集」を通じてテイ・トウワを発掘したことくらいで、その活動の方向は、八三年の映画『戦場のメリークリスマス』をきっかけに大きく変わっていった。八四年の『音楽図鑑』以降のアルバムでは、パンキッシュなテイストは後景に追いやられ、八七年の『ラストエンペラー』（ベルナルド・ベルトリッチ監督、日本公開は八八年）の映画音楽の成功を機に、いっそうメロディアスな音楽へと移行していく。

今振り返れば、坂本龍一というミュージシャンは、この時代のパンク／ニューウェイヴ・シーンの本当にラディカルな部分を、最後までつかむことができなかったのではないか、という気さえしてくる。いや、より正確には、おそらくある時期まで無意識のうちにつかんでいたのだが、それはあくまでも偶然で、結局は自覚的に意識されることはなかったのではないか。そして、そのラディカルな部分を切り捨てていくことによって、八〇年代後半のバブル期に「神々」の一人として成功することができたのかもしれない。

田中康夫の戦略

八〇年代前半のカオス的な状況は、ポストモダン的な状況の特徴のひとつである、「あらゆる価値の相対化」という観点から説明できるかもしれない。ここで重要な役割を果たすのは、田中康夫である。一橋大学在学時に書かれた処女作『なんとなく、クリスタル』は、東京でファッションモデルをしながら暮らす女子大生の日常を描いたものだが、発表当時に話題になったのは、その小説の中身以上に四〇〇以上にわたる注釈のほうだった。

そのころ話題になっていたブランドやレストラン、音楽や地名に対する過剰なこだわりは、内面や心理をブランドによって表象していく新しい若者像を描いた作品としてスキャンダラスに受け入れられた。

しかし、のちに田口賢司が明らかにしたように、ブランドについて過剰に描き込むことによって、田中はなにか新しい価値基準を示したわけではない。むしろ、価値基準という概念がブランドに依存している状況では、そもそもなにかの価値を論じること自体が空虚になってしまったことを逆説的に示したのである。田口によれば、田中康夫の問題というのは、「『ホットドッグ・プレス』を読むこともＭ・フーコーの『監獄の誕生』を読むことも等価である」ということになる。それは、究極の相対主義を導入することによって、一種の階級的な格差をなくしてしまおうという戦略である(17)。

この章で先に述べた、大塚英志が糸井重里に見出した戦略も基本的にこの延長戦上にある。実際、田中康夫はこのことによって八〇年代のイデオローグになった。ここでは差異は選択の問題であり、どれを選択するかは個々人のセンスにゆだねられている。ファッションと同じように文化や思想も着替えることができるというのは、高度経済成長が終わり、すべての国民が総中流化した時代の新しいライフスタイルだというわけだ。

新・階層消費の時代と対抗的な実践

けれども、今では多くの識者が指摘しているように、八〇年代はけっして横並びの中流化が進んだ時代ではない。バブル景気が始まる八五年には、すでに小沢雅子が『新「階層消費」の時代——消費市場をとらえるニューコンセプト』（後にタイトルを『新・階層消費の時代——所得格差の拡大とその影響』と変えて八九年に文庫化）を公刊して、八〇年代になってから表面上の華やかさとは裏腹に所得の格差が拡大していることを明らかにしている。小沢は詳細なデータを分析したあとに、次のように結論を二点に要約している。

（1）一九八〇年代に入って、消費者の実質可処分所得が横ばいあるいは減少傾向を示し、「日本人の豊かさ」に翳りが見えはじめている。これより前の七〇年代後半から「日本人の平等さ」も明白に損なわれてきている。つまり、消費者の購買力という面からは、大衆消費を支える力は、低下しつつある。（2）にもかかわらず、一九七〇年代後半以降も、さらに八〇年代に入ってからも、消費欲求の高度化現象は継続し、逆に強化されてもいる。購買力の格差が拡大している中で、表面的には消費の高級化が進み、あたかも、消費そのものがレベル・アップしたかに見える。(18)

上野千鶴子は、この本の文庫本「解説」の中で、八〇年代のキイワードとして「差別化」という語を挙げ、この「差別化」を、「水平型差別化」（ヨコナラビ差別化：階層にかかわりなく自由に趣味思考を差別化していくことができる）と「垂直型差別化」（階層分化型差別化：趣味思考の差別化が階層分化に対応する）の二つに分類したうえで、八〇年代前半は「ヨコナラビ差別化」説を支持していたけれども、この本が出たあとは「階層分化型差別化」説に「説得された」と言っている。それほどの衝撃があったのだ。しかしながら、上野の衝撃も、この直後に始まる八〇年代後半のバブル景気の喧騒の中でかき消されてしまう。

しかし、七〇年末から八〇年代のインディーズ・シーンの盛り上がりを、こうした階層分化型差別化に対する彼ら・彼女らなりの応答として捉えなおしたらどうだろうか。実際、「フリーター」などという言葉が導入される前から、若者たちはコンビニエンスストアやファストフードの労働力として動員され始めていた。そして、そこにはミュージシャンやアーティストなど、インディーズ・シーンを支えている人たちが含まれていた。

先述の岡崎京子の『東京ガールズブラボー』の中にも、所得の格差と消費欲求の高度化の不一致が描き込まれている。両親の離婚のために東京に出てきたサカエの家は母子家庭であり、けっして裕福ではない。東京はライヴやクラブやファッションや憧れの商品やイヴェントに溢れているのに、彼女はお金がなくて十分に楽しむことができないのだ。

サカエは、彼女に気がある気の弱い同級生の男の子にお金を借りてクラブに行き、ブランドのブティックに行って、結局お金がないので万引きをしてしまう。行き場のないまま家出をして、パチンコで大当たりすると、高級ホテルを借りてパーティをして、払いきれないほどの借金を残してしまう（結果的にまた同級生の男の子がカードで払うことになる）。

けれども、その行動には拍子抜けするほど罪の意識がなく、屈託がない。「悪いのは自分ではない。こんな高いものを揃えている社会だ」とでも言わんばかりだ。おそらくそれは、自我を分断する高度消費社会の暴力に対する、無意識のうちに行われた防御であり、抵抗なのである。

でも・デモ・DEMO

じゃがたらのアルバム『南蛮渡来』に「でも・デモ・DEMO」という名曲があるが、そこでは、ダンサブルなファンクビートに乗って、時代に対する愛憎半ばする違和感とフラストレーションが歌われている。

あんた気にくわない

くらいね、くらいね
くらいね、くらいね

くらいね、くらいね、性格がくらいね
くらいね、くらいね、性格がくらいね
で、で、でも

で、で、でも

みんないい人、あんたいい人
いつもいい人、どうでもいい人
今宵限りでお別れしましょう
あんた大好き、彼女大好き
自分大好き、メチャクチャ大好き
今宵限りでお別れしましょう
せこく生きてちょうだい
せこく生きてちょうだい
せこく生きてちょうだい
せこく生きてちょうだい
見飽きた奴等にゃおさらばするのさ
見飽きた奴等にゃおさらばするのさ
見飽きた奴等にゃおさらばするのさ
するのさ、するのさ

するのさ、するのさ、するのさ

この歌詞は、このあと、「日本人てくらいね、性格がくらいね」と続き、「思いつくままにたたきつづけろ」「思いつくままに壊しつづけろ」と、微妙に歌詞を変えながらマシンガンのようにアジテーションが続く。ヴォーカルの江戸アケミの叫びとも歌ともつかぬ唱法には、一種異様な切迫感がある。

この歌が見ている社会は、『なくとなく、クリスタル』とほぼ同時期のものとはいえ、やはり八〇年代の東京である。その中で飼い慣らされている人々——自分自身も含まれている——に対するいわく言いがたい両義的な感情とフラストレーションがここには込められている。「でも・デモ・DEMO」というタイトルは、その両義的な感情を反復しながら変奏するフレーズである——日本人はくらい。「でも」いい人だから大好き。「でも」いい人は、どうでもいい人——。

このタイトルは示唆的である。もちろん「でも」は、なによりも逆説を示す接続詞だが、含意はそれだけではない。「デモ」は政治的な意見の表明であり、「DEMO」はそのサンプルである。言い換えれば、これはじゃがたら＝江戸アケミの政治のあり方、社会に対する関係の持ち方なのである。もちろんこれもまた、じゃがたらのほか

暗黒大陸じゃがたら『南蛮渡来』ジャケット

の表現と同様に、旧来の意味での「政治」には属さないかもしれない。マルクス主義的なイデオロギーや論理を通じた異議申し立てではなく、直感的で自然で、情緒的な表現の方法である。にもかかわらず、あるいは、それゆえにこそ、奇妙な多幸感の中に重苦しい抑圧と閉塞感が社会全体を覆い始めていた状況への対抗的な行為に思えてならないのだ。

「サブカルチャー」「愚鈍な左翼」「ポストモダニズム」というトライアングルからなる、八〇年代前半のバブル前夜の文化。これらは六八年的な政治文化を引き継ぎつつそれを乗り越えるものとして、あるいは七〇年代に進む後期資本主義の政治＝経済に対応するものとして登場した。それは時代の変容に対するさまざまな領域からのひとつの応答である。

けれども同じ時代状況から生まれたこれらの運動は、それぞれ一定の関係を保ちつつも、結局は交錯することはなかった。それらは、八六年に本格化する「バブル景気」の喧騒の中でかき消されて、記憶からもこぼれおちてしまったようだ。実際この潜在的なラディカルさの多くの部分も、八〇年代後半から、西武セゾングループのような資本や、新自由主義化を進める大学制度の中に取り込まれてしまった。けれども、このトライアングルの中のさまざまな出来事が、九〇年代以降の「ストリートの思想」をひっそりと準備していたのである。続く第二章と第三章では九〇年代にどのような形でこうした問題構成が戻ってくるのかを見ていきたい。

(1) 原宏之『バブル文化論』慶應義塾大学出版会、二〇〇六年、八一頁
(2) 同前、六頁
(3) 香山リカ『ポケットは80年代がいっぱい』バジリコ、二〇〇八年、二一五―二一六頁
(4) ガタリ、F．ほか『東京劇場』UPU、一九八六年、四一頁
(5) 同前、四五頁
(6) 同前、五〇頁

(7) 同前、四頁
(8) 同前、五八頁
(9) 同前、四頁
(10) ヴィルノ、P．「君は反革命をおぼえているか?」酒井隆史訳『現代思想』特集「ストリート・カルチャー」一九九七年五月号、青土社、二五三―二六九頁
(11) 大塚英志『「おたく」の精神史』講談社現代新書、二〇〇四年、六五頁
(12) ハーヴェイ、D．『ポストモダニティの条件』吉原直樹監訳、青木書店、一九九九年
(13) 岡崎京子『東京ガールズブラボー（上・下）』JICC出版局、一九九三年
(14) 同前、（下）一六八頁
(15) Frith, S. and Horne, H. *Art into Pop*, Methuen young books, 1987
(16) このヴィデオのナレーションについては、詳細な関係者のインタヴューからなる陣野俊史の『じゃがたら』（河出書房新社、二〇〇〇年）の書き起こし（一五一―一五二頁）を使用した。
(17) 田口賢司「田中康夫のもんだい あるいは元気な二〇代」『GS』vol. 2、冬樹社、一九八四年
(18) 小沢雅子『新「階層消費」の時代』日本経済新聞社、一九八五年、二〇七頁

第二章　90年代の転換①——知の再編成

制度化されるポストモダニズム

バブル期は経済的には株価が下落する一九九〇年に終わったが、時代の雰囲気としては九二～九三年くらいまでは楽観的な空気が残っていた。たとえばけばけばしいファッションやテクノ、ユーロビートとともに刹那《せつな》的な盛り上がりを見せたディスコ「ジュリアナ東京」がオープンしたのは、バブル崩壊後の九一年（閉店は九四年）であるにもかかわらず、どことなくバブル景気と重なって見えるのは、その浮ついた雰囲気がどこかで残存していたからだろう。こうした空気が一気に変わるのは、急激な円高、阪神淡路大震災やオウム真理教事件などで、突然パニックにも似た社会不安が訪れる九五年になってからだ。

八五年から九四年までの一〇年は、八〇年代の前半に生まれた対抗的な思想や文化が、バブル崩壊を受けて本格化した新自由主義政策とグローバリゼーションによって、新しい形を取り始めた国家と資本主義によって包摂されていく時期である。

音楽について言えば、ＹＭＯは八三年にすでに「散開」し、アメリカの享楽的なゲイコミュニティの中から登場したハウスミュージックは、「芝浦ＧＯＬＤ」のような先端的ではあるが、どこかバブル香がしたクラブカルチャーを経て、ジュリアナ東京へ行きついた。

　インディーズ音楽は「イカ天」（＝『三宅裕司のいかすバンド天国』八九〜九〇年放送）をピークとするバンドブームの中で新しい産業として認知されるようになり、その後九〇年代を主導していくことになるJポップへと回収された。そのひとつは、GLAYやL'Arc〜en〜Cielに代表されるヴィジュアル系ロックであり、もうひとつはMr. Childrenのようなポップロック・バンドである。こうした音楽は、八〇年代前半のロックが持っていた実験的な要素を大衆化したものと言っていい。

　思想も例外ではない。八〇年代のニューアカデミズムを牽引したのが、たとえば雑誌で言えば『現代思想』や『ユリイカ』（いずれも青土社）、あるいは『GS』（冬樹社〜UPU）や『夜想』（ペヨトル工房）といった、中小またはインディーズ系の出版社の刊行物であったのに対して、八〇年代後半のバブル期になると、こうしたインディーズ系の出版物をむしろ大手資本や広告代理店が積極的に企業イメージ戦略の中で活用しようとしていく。

　その典型的な例がNTTのメディアアート・センタープロジェクトと結びついていた季刊『インターコミュニケーション』誌（九二〜〇八年）だろう。『GS』を編集していた荻原富雄を編集長として、浅田彰、伊藤俊治、武邑光裕、彦坂裕が編集委員を務めた、アート&サイエンスをテーマにしたこの雑誌は、『GS』的な八〇年代ニューアカデミズムのオーバーグラウンド化とでも呼ぶべきものだった。

大学における人文知の再編

八〇年代を通じて資本によるラディカリズムの包摂が進んだとすれば、バブル崩壊後に顕著になったのは、高等教育制度の変化による人文知の再編と、大学による政治的批評性の囲い込みである。

ここで大きな役割を果たしたのは、ひとつは九一年に大綱化された大学設置基準による教養部の解体と新学部の設置、もうひとつはこれと並行して進められた大学院の重点化だった。大学設置基準の大綱化は、それまでの教養教育と専門教育の区分をなくし、大学が四年間一貫したカリキュラムを自由に編成できることを目的としたが、実質的にはそれまでの学部一、二年生の一般教育を担当していた教養部を解体することで、従来の人文学に収まらない枠組みのカリキュラム編成を可能にした。その結果、旧教養部の教員や語学教員を中心に、情報や文化、環境といった新しいキイワードを冠した学部が雨後のタケノコのように量産された。

大学院重点化は、学部教育中心の大学を、一部欧米のように大学院中心の教育へと変更しようという動きである。これまで一律に扱われてきた大学と大学教員をヒエラルキー化し、格差をつけ、さらに予算措置をともなったので（より具体的には、大きく大学院所属教員を研究者、学部所属教員を教育者と分類し、前者に優先的に研究資金を投入することとした）、東京大学をはじめとする旧帝国大学を中心に一斉に大学院の重点化へと走った。また解体された教養部を人的資源として大学院を設置したところも少なくなかった。

こうした大学全体の再編は、大学の中で周縁化されがちだった現代思想や文化理論の研究者たちを中心的な場へと引き入れる役割を果たした。たとえば、七〇年代にフーコーやドゥルーズなどのフランス現代思想の紹介者として知られ、映画批評家としても活躍した蓮實重彥が東大総長を務めた（九七～〇一年）のはその象徴であるが、それは「表象文化」という現代思想に興味のない人にとっては耳慣れない言葉が、九〇年代に入って東京大学や大学院の学科に組み入れられ、カリキュラムとして完成していく過程に対応している。

八〇年代前半のニューアカデミズムは、大学アカデミズムよりもむしろ商業ジャーナリズムやサブカルチャーシーンを中心に支持されていた。それに対して八〇年代の終わりから九〇年代前半には、ニューアカデミズム的な思想が大学の正規の制度の中に組み込まれていった。

これは単に制度だけの問題ではない。一連の動きは断続的で終わりのない流動化と再編をもたらすことを通じて、あらゆる批判的大学知識人たちの「批判」を大学に対して向かわせることなく、むしろ知的な資源として大学の、ためにに再編することを目指したものだった。それは冷戦構造が終結し、イデオロギーの軸としての社会主義ブロックが崩壊することを経て、マルクス主義的な、あるいは左翼的な思想が、大学の中の「安全な」思想として受け入れられていくことも意味していた。

したがって、この時期に大学の内部に残存していた対抗的な勢力が、ことごとく抑圧と排除の対象になったことはけっして偶然ではない。九一年に突然決定された東京大学駒場寮の廃寮は、アカデミズムの公的な言語としてニューアカデミズム的なポスト六八年の思想が導入されたことと密接に関連した大学の質的な変化に対応している。抑圧と排除は東京大学だけではなく、多くの国立・私立の大学で進められた。

もちろん、八〇年代から九〇年代にかけて一気に進んだ大学キャンパスの脱政治化の要因を、大学制度やアカデミズムの変容だけに求めるのはフェアではないかもしれない。そもそも、かつて大学の政治運動を担っていた大学生の政治に対する関心の低下も、ここでは決定的な要因だったからだ。そして、ここには全共闘運動以降、党派中心主義的かつ男性中心主義的、そして暴力主義的な内向きの闘争を繰り返して自壊してしまった左翼運動一般の問題もある。

こうしたラディカリズムの制度化と包摂、そしてそれに付随したあらゆる敵対性の排除の過程で、左翼的なものからリベラルなものまでを規定していた「戦後の民主主義」そのものが、大学アカデミズムの主流派となり権威になった事実を、私たちはもっと深刻に受け止めるべきだろう。それは九〇年代になると、ポピュリズムを基盤としたナショナリズムと右派的なものの台頭も同時に生み出したのである。

湾岸戦争への反対声明

ところで、こうした大学制度の変容と並行して、九〇年代前半の政治と思想を考える際に最初に思い出されるのは、一九九〇年のイラクによるクウェート侵攻に端を発する湾岸戦争と、それに反対する知識人の声明（九一年）である。柄谷行人や中上健次、いとうせいこう、田中康夫といった文学者・批評家たちによる反対声明は、それまで必ずしも政治的な発言をしてこなかった文学者や批評家が集結して発表したものとして、その当時注目を集めた。なかでも柄谷行人は、その中心的な役割を果たし、この声明はそれまでの理論的な仕事から実践へと方向を変えた転機にもなった。

これもまた、私がここまで述べてきた政治と知識人、そして大学制度の大きな地殻変動に対応したものである。バブルの崩壊と前後するように東西冷戦構造が終わり、八〇年代末までの思想の様式がもはや力を失いつつあることは歴然としていた。とくにこれは「公的知識人《パブリック・インテレクチュアル》」の危機を象徴する深刻な問題だった。公的知識人とは、専門性を持った知識人（その多くは大学に所属している）でありながら、その専門性にとどまらず広くメディアの中で政治や社会、経済や文化について発言し、影響を与えるような知識人である。第一章で述べたようなニューアカデミズムの知識人はその流れに位置づけられるだろう。柄谷行人も、今日では数少なくなってしまった公的知識人の一人である。

湾岸戦争の反対声明は、新しい時代の公的知識人の宣言になるはずだった。けれども、それは同時に公的知識人の危機と不安を象徴したものでもあった。実際、多くのメディアが好意的に取り上げたにもかかわらず、彼らが提起した湾岸戦争への反対運動はさほど盛り上がることなく終結してしまった。もちろん、湾岸戦争自体がアメリカの圧倒的な攻撃の中で短い間に終わってしまったことがその理由かもしれない。そのことは、それ以上に八〇年代まではなんとか生きながらえてきた伝統的な公的知識人という存在が、もはや構造的に不可能になり始めたことをはからずも実証することになってしまった。

九一年の湾岸戦争は、フランスの社会学者ジャン・ボードリヤールが「湾岸戦争は起こらなかった」という象徴的なタイトルで示唆したように、メディアテクノロジーが私たちの生活を徹底的に侵食してしまった「スペクタクルの社会」における新しい情報戦争だった。ベトナム戦争の長期化と反戦運動、そしてそこから蔓延《まんえん》した厭戦ムードへの反省に立ったアメリカ政府は、戦争を限りなく短期化し、CNNなどメディアを用いてテレビ番組のように戦争を演出した。戦場には無数のテレビカメラが設置され、攻撃の模様はまるでテレビゲームのような映像として映し出された。

東西冷戦構造下の時代、戦争は、あくまでも国家間、あるいは二つの異なるイデオロギーブロックの均衡した力の抗争を意味した。戦争の際には、双方の国の主張や自由主義と社会主義という二つのブロックの主張が、一定の緊張感をもって発信されたのである。一方的な正義や悪は存在せず、たえず対抗的な議論が交わされた。ベトナム戦争の時に広がった反戦運動は、こうした構造の中で醸成《じようせい》されたのだった。

湾岸戦争は、この冷戦構造が終焉し、グローバルな資本主義経済が唯一の原理として広がり始めた時代の最初の戦争だった。イスラム教国がターゲットにされたのはけっして偶然ではない。それはグローバルな資本主義経済のあらたな外部として、設定されたのである。

しかし、その力関係はもはや「戦争」と呼べるほど拮抗《きっこう》したものではない。それは圧倒的な不均衡として現れる。湾岸戦争においては、いざ戦争が始まると、かたやアメリカは絶対的な軍事力を有し、イラクはそれに対抗する術をほとんど持っていない。この不均衡はグローバルな規模での情報操作にも現れる。アメリカを中心とする多国籍軍は絶対的に正義であり、そこに対抗するような議論は封じ込められてしまう。

公的知識人の変貌

東西冷戦構造に象徴されるイデオロギー対立がなくなり、資本主義の外部が消されつつあるように見える時代に、どのようにして知識人はその外部に立ち、「公的に」ふるまうことができるのか。カント以来の公的知識人のあり方を、柄谷行人は身をもって示そうとしたのかもしれない。けれども、それは結果的に時代錯誤的な身振りに見えたことも否めない。

湾岸戦争という壮大なスペクタクルに立ち向かうには、その動きには広がりがなく、指導力に欠け、声は弱々しく、生真面目すぎるように感じられた。その一方で、大衆を積極的に組織し、動員するには、あまりにも「啓蒙的」に思われた。「啓蒙」が機能するためには、啓蒙する側がされる側に正しく物事を判断できるような普遍的な知識を与え、人々を正しく導く必要がある。公的知識人とはそのような、「啓蒙」という活動ができる人のことである。けれども、こうした「啓蒙」は、全員が最終的に合意できる理念があるという了解のもとで可能なものだ。今日のように世界が複雑化、多元化してしまうと、そうした「啓蒙」的なふるまいは機能しないだけでなく、いささか自意識過剰な、滑稽な営為にさえ見えてしまう。

結局、「湾岸戦争の反対声明」が提起した公的知識人の新しいあり方は、その後二つの方向に分裂することになる。ひとつは、政治のスペクタクル化に対抗する知識人のスペクタクル化、具体的には、テレビなどマスメディアへの積極的な進出、つまり後述する「朝生《あさなま》文化人」に代表される討論番組や情報番組のコメンテーター的な知識人の路線である。

もうひとつは、政治のスペクタクル化に対抗するために、より緊密な人間関係にもとづいたボトムアップ型の関係性を構築しようとする路線である。それは、かつてのように理論から出発するトップダウン型・啓蒙型の方向ではなく、政治の現場に自ら身を置いて、組織の形成や維持に積極的にかかわりながら具体的な運動を形成しようというものだ。

ほかの声明者はともかく、柄谷行人はこの公的知識人のあり方をもっとも真剣に考えていた思想家だったのではないだろうか。湾岸戦争への反対声明は、公的知識人の役割の変化に対応する、彼なりの回答だったのである。その後二〇〇〇年に柄谷は、おそらく同じ問題意識のもとで、NAM（New Associationist Movement）という運動組織を立ち上げ、具体的な政治運動を始めるが、理論的な議論がなされる前に組織運営上の問題でつまずき、発足後まもなく活動休止する。

一見、迷走にも見える柄谷の政治運動へのかかわりは、単に政治的なものでも偶発的なものでもなく、知識人の変容と彼自身が理論的に考えていることの一種必然的な帰結である。けれども、その運動の失敗ははからずも、八〇年代から九〇年代の変化の中で、社会における公的知識人の役割もまたすっかり変わってしまったことを露呈してしまった。

オウム真理教事件

八〇年代の知識人が浅田彰や中沢新一のようなニューアカデミズムに代表されるとしたら、九〇年代の知識人は宮台真司や姜尚中《カンサンジュン》のような『朝まで生テレビ！』に出ていた文化人によって代表されるだろう。

その最大の特徴は、八〇年代の知識人が基本的に書籍や雑誌という紙媒体を中心に発言していたのに対し、九〇年代型の知識人は『朝まで生テレビ！』に端的に見られるように、テレビ媒体を積極的に活用したことである。次章では九〇年代に「ストリートの思想」が重要性を増してきたことを紹介するが、その前提としてこのことの意味を考えたい。

「湾岸戦争に対する知識人による反対声明」に見られる知識人の影響力の低下は、伝統的な公的知識人の機能不全を典型的に示したものだった。九〇年代を通じて進められた大学改革は、大学における人文的教養の意味を抜本的に変えてしまった。哲学や思想は、実際の政治や社会を理解するための普遍的な参照点であることをやめ、それ自体が相対的なひとつの価値基準を示すものとなったのである。

このような転機を象徴的に示したのが、九五年の地下鉄サリン事件を頂点とするオウム真理教事件である。この事件は、単なる無差別殺人事件としてだけではなく、七〇年代の浅間山荘事件以来の反体制的な「政治」事件として社会に大きな衝撃を与えた。「サティアン」と呼ばれる教団施設で行われていた信者たちの奇妙な修行生活や軍事教練。アニメやSF、オカルトや神秘主義などサブカルチャーのエッセンスが詰め込まれたハリボテ的な教義。そして、コスモクリーナーやヘッドギアのような擬似テクノロジー。ほとんどマンガ的と言ってもいいこのオウム真理教が起こした一連の事件を、社会に適応できなかった異常者たちの、突発的で、例外的な犯罪と切って捨てるのはたやすい。

しかし、ここで重要なのは、オウム真理教事件が、浅間山荘事件に代表される革命志向の強かった左翼の党派運動の一種のパロディのようなものとして起きたことである。オウム真理教事件が世間を震撼《しんかん》させたのは、東京大学をはじめとする一流大学を卒業した多くの若者が、この狂信的な宗教に引きつけられ、独自の生活空間を作り上げ、山中にこもって教練を行い、ついには無差別テロとも言える大事件を引き起こしたからだった。

けれども、それは単なるパロディではない。かつて革命を夢見た左翼が主としてマルクスに代表される人文学的な思想や哲学を想像力の源泉としていたのに対して、オウム真理教は、アニメやマンガなどのサブカルチャーをその源泉としていた。もちろん「われわれは〝明日のジョー〟である」と言ったよど号ハイジャック犯のように、左翼政治の中にサブカルチャー的な要素はないわけではなかったが、それはあくまでも副次的なものだった。

オウム真理教では、思想や哲学はすべてサブカルチャー的なものに変えられてしまった。左翼的イデオロギーに支えられた政治的想像力が、アニメに代表されるサブカルチャー的な妄想力に取って代わられたことをオウム真理教事件は示したのである。

社会工学的な知の台頭

オウム真理教事件を契機にして、警察権力に代表される、安全性《セキユリテイ》の向上をはかる権力が浮上してくる。オウム真理教的なものを絶対的な「悪」として設定することで、監視カメラからごみ箱の管理にいたるまで、「治安維持」的なあらゆる技術が導入され、対抗的な政治活動をあらかじめ封じ込める動きが活発化する。

やはり景気の悪化があからさまになり、「フリーター」を代表とする流動的階級が社会的な問題になりつつあった九五年に、こうした状況が生じたことはあらためて確認されるべきだろう。オウム真理教事件を口実に、敵対的な政治運動全部を視野の外部に追い出そうという戦略だったのである。次章で扱う新宿のホームレスに対する排除はその典型的な例だろう。重要なのは、こうした対策がセキュリティの向上を名目とし、社会の圧倒的な合意形成の中で行われたことである。

思想的には、社会学的な、より正確に言えば、社会工学的な知識が上昇する。ここで社会工学的な知識と私が呼ぶのは、そもそも社会学が制度化されていく過程においてひとつのイデオロギーとして登場した固有の考えのことだ。

社会学は、ほかの人文学以上に、行政支援の学としての側面を強く持って発展してきた。「社会階層と社会移動に関する全国調査」（ＳＳＭ調査）に代表される社会調査は、国勢調査のような国家が行う調査を補完する役割を果たしているし、それほど大がかりでなくとも、多かれ少なかれ行政との補完関係にある。それは、政策に批判的な場合ですらそうなのだ。

工学（エンジニアリング）とは通常理系の研究領域で用いられる用語であるが、ここで社会工学的という時は、社会に対するある固有の思考法を示している。社会全体を詳細に（しばしば統計的に）把握し、社会全体を設計し、適切な構造へと調整するという発想に立つ、一種の総合学である。

しかし、ここで把握されるべき対象は、工学的な操作に先立って存在しているわけではない。むしろ工学的な操作——最初のステップとしては、社会調査として現れる——によって作られるものである。社会工学的な操作は、このような作業を通して、不可視かつ説明不能であるものを、可視化し説明可能なものに変えていく。だが、それは同時にトートロジックな操作でもある。というのも、まさにこの社会学的な知識の生産こそが、説明可能な対象を作り出しているのだから。

社会工学的な知識は、人々の生活のさまざまなデータを蓄積し、それを分析することを通じて、社会全体を運営、制御しようとする。それは、直接的で物理的な権力の行使ではなく、効率性や生産性の名のもとに知識や情報を調整、再編するのである。具体的には、社会学的な社会調査や企業のマーケティング、コンピュータやインターネットなどデジタル技術による情報管理（クレジットカードの個人情報からPOSのような商品情報まで）が工学的な過程に組み込まれ、ソフトでフレキシブルな管理の体系を作り上げるのだ。

このように社会工学的な知は、管理の技術である。けれども、この管理は社会主義的、あるいは計画経済のような管理の技術とは逆のベクトルを持つものだ。それは、各人に表面的には最大限の自由を与えつつ——市場はその典型的な例である——全体の情報を制御・統制しつつ、全体に破綻のないように運営していこうというものである。それは、新自由主義的な経済政策との親和性が高い。

こうした社会工学的な知の必要性が上昇した理由は、九〇年代が「不安」の時代だったからだ。もちろんこの「不安」は、九〇年代の不況がその根幹にあるが、それだけではない。「不安」とはその理由がわからないから増大するのである。それは、人間の存在の条件そのものが脅かされている状態である。

九五年は、そうした「不安」が最大限に高まった年である。オウム真理教事件はその象徴だが、それに加えて阪神淡路大震災や急激な円高が「不安」を助長した。こうした「不安」に抗するように社会工学的な知が要請されたのだ。

思想や政治のエンターテインメント化

九〇年代において、社会工学的な知がもっとも有効に機能したのは、テレビメディアにおいてである。先に述べたように『朝まで生テレビ！』（以下、『朝生』）には、多くの社会学者や経済学者、政治学者が登場し、テレビ論壇とでも呼ぶべき新しいタイプの知識人集団を作り出した。

八七年に放送が始まった『朝生』は、日本で初めての本格的な討論番組である。深夜放送にもかかわらず、田原総一朗の剛腕司会もあり、九〇年代を通じてテレビにおけるバトルのひな型を作っていく。

『朝生』が重要なのは、一定の人気を博したというだけではなく、その後の論壇の議論のあり方に大きな影響を与えたからである。全般に論壇誌という雑誌メディアが低迷していく中で、論壇の代替的な役割をこのテレビメディアは果たした。

『朝生』の最大の特徴は、深夜枠でもありテレビ番組としては異例の構成であったにもかかわらず、それでもやはりテレビ的な造りだったということである。

それは、第一に出演者のキャラクター設定というところから始まる。論壇誌であれば、十分な字数のもと論旨が明快に展開できるが、テレビはワンコメント・ワンフレーズが勝負になる。視聴者は、あらかじめ出演者について十分な情報を持ち、出演者はなによりもその期待に応えることを要求される。映画監督の大島渚が必ず「バカヤロー」と叫ぶのは、初期の『朝生』のお決まりのパターンだったが、九〇年代に入ってより洗練された形で、知識人はキャラクター化されていった。

けれども、こうしたキャラクター化以上に特徴的なのは、テレビのアジェンダ（議題）設定機能である。メディアは、社会学でいう「公共圏」のひとつだが、この特殊な公共圏は、ユルゲン・ハーバーマスのような社会学者が夢想した理想的なコミュニケーションの空間ではない。あらゆる議論が許容されているわけではないのだ。

テレビの場合、スポンサーとそれを獲得するための視聴率が最優先される。時間の制約もある。田原総一朗の才能は、もともとテレビ的な空間になじみにくかった政治や経済、社会問題を、一定の時間内にエンターテインメントとしてパッケージ化した点にある。

けれども、そのために彼は議論の枠組みを常にあらかじめ準備せざるをえない。枠組みからはずれたものは、しばしば「現実的ではない」議論として一蹴《いっしゅう》される。そして、その枠組みそのものが、基本的に現実の社会における既存の力関係を反映しているものなので、「誰が現実的で誰が現実的でないか」はあらかじめ決まっているのである。結果的には、一見多様に見える議論も、既存の力関係を再生産し強化するだけなのだ。

このテレビのアジェンダ設定機能は、社会工学的な知識を前景化させる。本当に現実に役に立つのかどうかはともかく（そもそも役に立つというのは、誰にとってなのか？）、部分的であれ、あたかも現実の諸問題に解決策を与えるかのように見える「社会工学的な」議論が、結局何も根本的な問題が議論されることなく交わされるようになる。それは、知的「格闘技」とも呼ぶべきエンターテインメントとなるのだ。

このことは、テレビが政治的で深刻な話題を取り上げないということを意味するのではない。むしろその逆で、テレビは一定の視聴率が取れる限り、積極的に政治的な話題を取り上げるようになる。『朝生』的な枠組みは、政治や社会問題をこれまで以上にテレビの場に導入した。そこでは、最近のショーアップされた格闘技のように、一見〝真剣勝負〟に見える議論が交わされる。九〇年代のテレビにおいては、ラディカルな政治さえもエンターテインメント化したのである。

だが、テレビとは記録のメディアではなく、基本的に忘却のメディアである（誰が三カ月前のテレビのニュースを覚えているだろうか）。多くの視聴者は、テレビに出ている評論家に自己同一化し、その主張を真似てもっともらしいおしゃべりをするようになるが、テレビ的な議論の外部に出ることができない。テレビによる政治のスペクタクル化は、視聴者に一時的で仮のカタルシスを与えることで、徹底的に視聴者を受動的な存在へと貶《おとし》めるのである。

「ストリートの思想」は、メディアのスペクタクル化と結びついた社会工学的な知識の円環の外部に存在する。けれども、これは回収できない外部として、あらかじめ存在するのではない。むしろ、政治のスペクタクル化や社会工学的な知識の前景化は、「ストリートの思想」を成立させる条件である。というのは、スペクタクル化は別の対抗的なスペクタクルを呼び起こしてしまうし、社会工学的な知識はその成果よりも、むしろその限界をよりはっきりと浮かび上がらせてしまうからだ。

イギリス留学の準備

ところで私は、九四年にそれまで勤務していた広告会社をやめてイギリスに留学している。なぜ留学しようと思ったのか。この時に起こっていた高等教育や知識人の位置づけの変容と関係していたのだろうか。その後私は「文化研究（カルチュラル・スタディーズ）」というイギリス発の学問領域を日本に紹介する役割の一端を担うことになるのだが、なぜ、文化研究に惹かれたのだろうか。ここで少し時間を戻して、この時期の自分の身のまわりを振り返ってみたい。

八六年に大学を卒業後就職した勤務先の仕事は、九二年ごろから景気の後退を受け深刻化していた。もともと西武セゾングループ系の仕事が多かったのだが、バブル崩壊の影響をもろに蒙《こうむ》った西武セゾングループは、八〇年代のような文化事業や広告宣伝活動を行う余力を失い、私も社内ではほとんど失業状態だった。それでも、バブルが崩壊したばかりの九〇年ごろには、これは一時的なものでどこかで回復するのではないかという淡い期待を抱いていたが、九二年ごろになると見通しはさらに暗くなっていった。毎日、通勤電車に揺られながら会社をやめることばかりを考え、とはいえやめたからといってとくにやりたいことも思いつかず、だらだらと仕事を続けていた。

そのころ、私の所属していた会社は上場を目指しており、「社員持株制度」というのがあった。上場したあかつきには、その株が数千万円になって戻ってくるという、まさに「バブル」な夢があったのだが、景気の急激な悪化のために会社は上場をあきらめることになり、コツコツと積み立てていた株が、現金で戻ってくることになった。

八年近く働いたのでそれなりの額になり、何かを新しく始める資金としては十分に思われた。

その時に思いついたのが、海外留学である。八〇年代の終わりから海外に出張する機会にめぐまれ、いつか海外で生活したいと思っていた。けれども、会社は海外事業の縮小と撤退を繰り返しており、会社にいても仕事で海外に住む機会はほとんどなさそうに思われた。三〇歳を目前にして留学というのも今さらという気もしたが、何かしないとこのまま時代に飲まれてしまうのではないかという恐怖感のほうがまさっていた。

ということで、留学先を探し始める。海外在住の経験がある人にはわかると思うが、海外に一定期間住むためのビザを取るのに一番簡単な方法は、留学なのだ。とはいえ、大学を卒業してしばらく経っているし、特別の専門があるわけではないので、行く先も限られている。いちおう広告の仕事をしていたので、メディアか広告の研究ならなんとかなりそうだ。大学卒業後はアカデミックな人脈はほとんどなくなっていたので、留学雑誌で情報を探し、学費が安いという理由でイギリスを候補地とし、ブリティッシュ・カウンシルの留学相談窓口に出かけて、いろいろな大学の案内を見せてもらった。当時はまだインターネットがそれほど普及していなかったので、ちょっとした情報の入手も大変だったのである。

その中で見つけたのがロンドン大学のゴールドスミスというカレッジだった。そこにはメディア&コミュニケーションズという学部があり、メディアや広告の研究ができそうなことが書かれていた。イギリスのパンク、ニューウェイヴを聴いてきた私にとっては、ロンドンにある大学というのも魅力的だった。

けれども何より興味を惹かれたのは、シラバスの中に、記号論や構造主義、あるいはポスト構造主義の理論的な枠組みの中でテレビや広告、メディアやポピュラー文化を分析すると書かれていたことである。

その教員リストには『サブカルチャー』を書いたディック・ヘブディジの名前があった。この本はすでに未來社から邦訳が出版されていた。パンクロックやレゲエなど若者たちの文化の実践を、ロラン・バルトの記号論やアントニオ・グラムシのヘゲモニー論、ルイ・アルチュセールの構造主義的マルクス主義を理論的な枠組みとして、「抵抗」の契機として読み込んだこの本は、ジャーナリスティックな情報を中心とした音楽本とは違った仕立てになっていた。私がこの本にハマったのも、そこでパンクやニューウェイヴなどのサブカルチャー、ポストモダン理論、そして社会運動の三つの領域——前章で述べた三角形——が交錯している気がしたからである。それは、自分にとっては数少ない同時代的な書物に思えた。

いずれにしても、ポピュラー文化とポストモダン理論の組み合わせを英語で学ぶというのは、自分が取ることができる数少ない選択肢のひとつに思われた。この時点ではまだ「カルチュラル・スタディーズ」という言葉を、特定の思想動向を持つものとして認識していない。

その後、景気の後退で暇になった時間を利用して慌てて英語の勉強を始め、TOEFLの点を揃え、入学願書を郵送で送り、仕事と生活を整理して留学の準備を終えたころには三〇歳を過ぎていた。九四年のことである。ロンドンでの修士課程の後には、仕事のあてもなかったので、会社には無理を言って休職扱いにしてもらい、留学の資金援助を一部だが出してもらうことになった（もっとも、修士が終わってもロンドンから帰らずに博士課程に入ってしまったので、その後援助資金は会社に返金するはめになる）。

「カルチュラル・スタディーズ」との出会い

当時、池ノ上（東京都世田谷区）の「ガリガリ」という飲み屋が友人たちとのたまり場になっていた。「ガリガリ」は今も残っているが、雰囲気は当時とずいぶん変わっている。『ピノキオ√964』というバイオレンス映画の監督、福居ショウジンがごく一時期事務所代わりに使っていたことがあり、福居監督のほか、美術評論家の椹木野《さわらぎの》衣《い》や開発《かいほつ》チエ、小説家の清水アリカ、ミュージシャンの有馬純寿や『スタジオ・ボイス』の編集部にいた鈴木真子など同世代の連中がよく飲んでいた。

そこは、しばしば音楽セッションの場になり、「暴力温泉芸者」を名乗って音楽活動をしていた中原昌也や、メルツバウの秋田昌美がライブをしたりしていた。珍しい映画の上映会なども企画されていた。「ガリガリ」は、キャバレー風のカラオケ店を改造したほこりっぽい店だったが、バブル以前のアンダーグラウンドな雰囲気が奇跡的に残っていた。

「カルチュラル・スタディーズ」という言葉をはじめて聞いたのは、たまたまガリガリに来ていた上野俊哉からである（彼は常連というわけではなかった）。上野は、当時私のまわりでは珍しく大学卒業後すぐに大学院に進み、いつも紺のジャケットにレジメンタル・タイにジーンズと、きちんとした身なりをしていた。批評家としてのデビューが早かったこともあり、ニューアカデミズム世代の一番若手という位置づけだった。

私が上野とよく話すようになるのは、イギリスに行く直前になってからである。すでに彼は、ヘブディジや音楽社会学者のサイモン・フリス、グリル・マーカスの著書を読んでおり、私がイギリスに行くことを知ると、今福龍太がポール・ギルロイについて書いた文章を教えてくれたりした。

話をしているうちにいくつか共通の経験と問題意識があることに気がついた。上野は第一章で取り上げた『東京劇場』のツアーに参加し、本の中にも一文を寄せている。一〇年前にはうまく把握できなかった、ポストモダン理論と、政治や社会運動、そしてサブカルチャーの関係が、上野の話を聞くうちに、「カルチュラル・スタディーズ」と総称される領域のどこかに書き込まれているように思われたのである。

その当時でも、「カルチュラル・スタディーズ」について語られていた場はすでにいくつかあった。マスコミュニケーション研究においては、八〇年代初頭にスチュアート・ホールのテレビの「コード化／脱コード化」モデルが紹介されていたし、英文学では八〇年代の中ごろになると、エドワード・サイード以降のポストコロニアリズム理論も一定の認知をなされるようになっていた。けれども、九〇年代初頭において、ポピュラーカルチャーやサブカルチャーを理論的に分析しつつ、政治的な文脈に結びつける大学アカデミズムの制度はまだ存在していなかった。

私がイギリスに行くのは九四年の七月である。日本の経済や政治、思想状況がどうなっているかなどと考える余裕もなくなっていた。それまで持っていた本やレコードもほとんど処分してしまった。バブル的なにおいをとにかく体から洗い落としたかったのだ。

文化研究の三つの流れ

ここで、私的な経験を相対化するために、イギリスにおける「文化研究」（カルチュラル・スタディーズ）の発展と英米圏におけるその制度化について考えてみよう。

イギリスにおける文化研究には、歴史的に見て大きく三つの流れがある。ひとつは、イギリスにもともと存在した労働者階級の文化理論である文化主義《カルチュラリズム》、二つ目はドイツのフランクフルト学派に連なるマルクス主義の批判理論、三つ目はフランスの構造主義とポスト構造主義である。

九〇年代の日本と比較する際に重要なのは、構造主義とポスト構造主義の英語圏における受容である。というのも、とくにイギリスでは、ロラン・バルトらの記号論やジャック・デリダの脱構築、ジャック・ラカンの精神分析、ミシェル・フーコーの権力論や言説理論などフランスの人文学の理論は、形而上学的な哲学や文学の純粋理論としてではなく、それまでの西洋中心的＝男性中心的＝ロゴス中心的な知識を批判する社会理論、つまり応用理論として用いられた結果、文化研究やポストコロニアリズム理論、フェミニズムとして発展することになったからだ。またそれは、人文学的な知識の社会科学における応用であり、社会学や文化人類学など隣接領域にも大きな影響を与えることになった。つまり、マルクス主義的・西洋中心主義的・階級中心主義的理論を批判的に更新する政治実践の言説として登場したのである。

このことは、構造主義やポスト構造主義が本来持っていた、ポスト六八年という政治的文脈にほとんど触れられずに、人文学という従来の大学の領域にとどまったまま導入された日本の状況と好対照をなしている。日本では、ポストモダン理論は何よりも仏文学・仏語を中心とする外国文学・外国語研究の一環として導入され、その大部分はニューアカデミズムの喧騒が終わると、前述したように、たとえば「表象文化」という名のもとで大学の中で制度化された。それは単に、西洋の理論を日本語で紹介、解説する作業となってしまったのである。ポストモダン理論は普遍的で純粋な「理論」として扱われ、政治の実践に応用されることはほとんどなかった。

英米の文化研究の発展と制度化

構造主義やポスト構造主義の英語圏における応用である文化研究は、イギリスの「ニューレフト」という明確な政治運動と結びついて発展した。これは、先に挙げた文化主義《カルチユラリズム》の理論的系譜である。「ニューレフト」とは、階級闘争を中心にした伝統的なマルクス主義的左翼政治運動の枠組みに収まらなくなった戦後の新しい社会運動——反戦運動、反核運動、環境保護運動、フェミニズム、反人種差別運動、そして若者たちの新しいライフスタイルをめぐる闘争——を射程に入れた政治運動である。その理論誌として、『ニューレフト・レヴュー』があり、構造主義やポスト構造主義を英語圏に紹介する役割も果たした。ちなみに文化研究の創始者として知られるスチュアート・ホールも『ニューレフト・レヴュー』誌の編集をしていた。

文化研究が、その名前のとおり、文化における政治を研究対象としたのは、俗流マルクス主義の経済決定論に対する批判や、アルチュセールからフーコーへといたる権力論の転回に対応している。伝統的マルクス主義において、文化やメディアはイデオロギーの領域に位置づけられ、経済（とくに資本主義）の論理に従属すると考えられていた。その流れをくんだ批判理論は、文化に対して過度に批判的だった。

文化研究が主張したのは、文化は必ずしも経済によって「決定」されるものではなく、それ自体一定程度自律しており、逆に文化のほうが経済や政治のあり方を決めることもあるということだった。この限りにおいて、文化は政治的闘争のアリーナになりうると考えられたのである。

英国の文化研究は、普遍的な人文知ではなく、実践的で介入主義的な知識を目指していたのである。「介入《インターベンション》」というのは、文化研究の重要な概念のひとつである。それは、身のまわりから発見した具体的な問題に対して、対抗的なものの見方や実践を提示するというものだ。七〇年代の半ばから八〇年代にかけて、文化研究が、人種やジェンダー、若者文化の問題を積極的に取り上げ、当時イギリスの政治文化を覆いつつあったサッチャリズムを分析したのは、この介入主義的な伝統によるところが大きい。

教育制度についても触れておくべきだろう。イギリスの名門大学といえば、オックスブリッジ（オックスフォードとケンブリッジ）であり、ＬＳＥ（London School of Economics and Political Science：ロンドン・スクール・オブ・エコノミクス）などのロンドン大学の一部である。けれども、労働者文化などの大衆文化を研究対象とする文化研究を生み出したのは、そうしたエリート大学ではなく、社会人や大学へ入学しなかった人たち――その多くもまた労働者階級だった――を対象とする成人教育やポリテクニークと呼ばれた専門学校である。七〇年代になると、スチュアート・ホールたちが現代文化研究センター（ＣＣＣＳ）のあるバーミンガム大学を拠点として文化研究を制度化していくが、ここも必ずしも名門ではなかったし、私が留学したゴールドスミス・カレッジも、基本的には現代美術を中心とするアートカレッジだった。文化研究は基本的に主流の大学アカデミズムの周縁または外部で発展してきたのである。

イギリスで七〇年代に発展した文化研究が八〇年代以降アカデミズムの中で制度化されるのは、アメリカのコミュニケーション研究やメディア研究、比較文化や比較文学の領域においてである。映画やテレビ、音楽などポピュラー文化が、伝統的な文学に代わり人文学の研究対象になったことに加え、非西洋系の学生や留学生が急激に増加したことによって、従来の古典中心でエリート主義的かつ西洋中心的な人文学のカリキュラムは徹底的な見なおしを迫られた。イギリスで始まった文化研究の理論は、そうしたカリキュラムを埋める数少ない体系的な理論として採用されていった。

イギリスと比較すると、アメリカの大学は実社会や大衆と乖離《かいり》し、自律しているために、理論の洗練度もはるかに高かった。デリダの脱構築理論をポストコロニアリズム理論に応用したインド系の比較文学研究者ガヤトリ・スピヴァクの仕事は、そうした理論的洗練の代表的な例である。こうした動向の中、少なからぬ研究者がイギリスからアメリカの大学へと職を移した。

文化研究のグローバル化とローカル化

こうした国際的な文化研究の広がりを、逆にイギリスのアカデミズムが再発見するのは、九〇年代になってからである。これはサッチャリズムの残り香のもとで保守党政権が進めた大学改革に対応している。エリート教育一辺倒を緩和し大学教育を大衆化するために、ポリテクニークが大学に格上げされたことで、大学数と学生数が倍増したのが九二年。同時に、奨学金制度をローン制度へと変更し、それぞれの大学に独立採算制度など競争原理が持ち込まれた。その結果、大学の重要な収入源である留学生の学費が一気に高騰した。

私がイギリスへ行ったのは、ちょうどこうした大学改革が始まるころである。それでも九四年当時は、まだイギリスの大学ものんびりしており、かつての少人数教育の時代に見られた教員と学生の親密な雰囲気が残存していた。新自由主義的な大学の方向性は、文化研究のような新しい学問領域にとっては、危機ではなくむしろチャンスとして受け取られていたように見える。

九四年は、トニー・ブレアが四一歳の若さで圧倒的な支持を集め、当時まだ野党だった労働党の党首に選出された年である。新しい時代の到来の予感もあり、社会の雰囲気はバブルの後遺症にあえぐ日本とうって変わって明るかった。オアシスやブラーなどの「ブリット・ポップ」と呼ばれた新しいロックバンドや、ダミアン・ハーストに代表される若手のイギリスのアーティストたち（YBAs：Young British Artists）の台頭によって、後に「クール・ブリタニア」と名づけられる新しいブランド力がイギリスに生まれつつあった。イギリスのポピュラー文化研究が、ラディカルな左翼政治の枠組みの内側にありながらも、人間の対抗的な創造力に可能性を見出していたこともまた時代の雰囲気に即していた。七〇年代生まれの文化研究が再びグローバルな文脈で脚光を浴びる条件は揃っていたのである。

こうしたことをふまえると、日本における九〇年代半ばの文化研究（「カルチュラル・スタディーズ」）の導入は両義的である。一方で、文化研究は、これまで理論的体系を持たなかった現代文化の研究に対して、マルクス主義的批判理論、記号論、構造主義、ポスト構造主義などの理論的枠組みを与えると同時に、日本の人文学の中で軽視されてきた、文化理論の政治的な文脈を導入することに結びついた。このことは人文学の内部からの反発を生んだ。

その一方で、文化研究は、六八年以降のラディカルな政治が教育研究制度の中に包摂されていくことが持っている危うさも同時にはらんでいた。制度化されることで、ラディカルな要素が封じ込められるのである。しかしそのおかげで、文化研究はイギリスの新たな輸出産業となったし、この時期日本をはじめいろいろな国で積極的に受容されたのだ。

けれども、文化研究の制度化と脱政治化を過度に批判するべきではないかもしれない。というのも、このグローバル化とローカル化の過程の中で、文化研究はそれぞれの地域で固有の政治的アジェンダを見出し、作り出していったからだ。このことはとくに、ポストコロニアル的な政治状況に一貫して置かれていたアジア地域にあてはまる。それでは、日本における導入、とくに九六年に東京大学で行われた「カルチュラル・スタディーズ」のシンポジウムを通じて、文化研究のグローバル化とローカル化について見ていこう。

「カルチュラル・スタディーズ」と「文化研究」

「カルチュラル・スタディーズ」が日本に本格的に導入されたのは、大学制度への新自由主義的原理の導入と人文学の危機、伝統的な公的知識人が機能不全を起こしていた九六年前後である。私自身も、それまでこの動向が日本にあまり紹介されていなかったこともあり、紹介者の役割を果たすことになった。

ところで、本書ではここまで、九〇年代の日本の文脈に即して記すところは「カルチュラル・スタディーズ」と英語で表記し、それ以外は「文化研究」と表記してきた。

私は五年ほど前まではともに「カルチュラル・スタディーズ」としていたが、これは、単にこの研究領域が、「文化」の研究であればなんでもいいというわけではなく、七〇年代のイギリスのバーミンガム学派やヨーロッパの構造主義やポスト構造主義とかかわりながらアメリカに導入された、はっきりとしたひとつの理論体系であり、なんでもありの「文化研究」と区別しようという意図があったからだ。実際、しばしば「文化研究」は、映画やテレビ、アニメやゲームなどの「大衆文化研究」として矮小化される傾向があったことも事実である。

その一方で、九〇年代中ごろまでほとんど使われることがなかった「カルチュラル・スタディーズ」という語は、日本では過剰な意味を付与された。ある文脈では、それは難解なポストモダン用語を駆使したポピュラー文化の分析であり、またほかの文脈では国民国家批判の歴史学であり、当事者主義的なアイデンティティ・ポリティックスであった。あるいは、哲学や人文学理論の社会学や文化人類学への応用や、古い左翼政治理論の復権の試みのようにも理解された。

それらのひとつひとつに反論することは、本書の目的ではない。「カルチュラル・スタディーズ」はその流行の反動からか、その後しばしば批判されることになったが、残念なのは、その外部からのバックラッシュのほとんどが、ありもしない敵を勝手に捏造《ねつぞう》して、レッテルを貼り、一方的に叩くというものだったことだ。「カルスタ」という一種の蔑称は、日本的な文脈でしか通じないレッテル貼りの典型的な例である。

導入から一〇年以上たち、幸か不幸か一定の賞味期限が切れた今、もう一度日本の文脈で「カルチュラル・スタディーズ」を批判的に検証したうえで、日本語の「文化研究」にあらためて変換させることが必要に感じられる。私が主として「文化研究」という語を用いるのはこうした意図によってである。

シンポジウム「カルチュラル・スタディーズとの対話」

前述したとおり、「カルチュラル・スタディーズ」の日本への本格的導入は、九六年前後のことである。それは、九六年三月の東京大学でのシンポジウム「カルチュラル・スタディーズとの対話」と、その前後に出版された『思想』『現代思想』の二冊の特集によって決定づけられた。

もちろんメディア研究の世界では、先に述べたように、ホールに始まるオーディエンス理論がすでに紹介されており、英文学の世界ではポストコロニアリズム理論が八〇年代に入ると少しずつ紹介されていた。文化研究の前史である、レイモンド・ウィリアムズやリチャード・ホガード、E・P・トムソン、そしてイギリスのニューレフトの政治動向も限定的ではあるが、一定の受容はなされていた。

けれども、そうしたさまざまな異なる領域を横断的に結びつける新しい知の営みとして「カルチュラル・スタディーズ」が紹介されたのは、はっきりと九六年になってからである。ちなみに、私はこの時期はまだロンドンにいた。「カルチュラル・スタディーズ」が日本でにわかに話題になっていると聞いて、唐突な感じがしたことを今でも覚えている。少なくとも私のまわりでは、先述の上野俊哉を除いては、日本をたつ時にほとんど誰も話題にしていなかったからだ。

ではなぜ、この時期、「カルチュラル・スタディーズ」が導入され、それが驚くほど積極的に受容され、しかも、同時に過剰なバックラッシュにあったのだろうか？ここまで述べてきたことをふまえて次の三つの要因にまとめてみよう。

第一の要因は当時、高等教育、とくに大学と大学院の人文学の再編に際して、伝統的に人文学の中心を占めてきた哲学・歴史学・文学に代わる新たな枠組みが必要とされていたことである。

九六年のシンポジウムを主催した東京大学の社会情報研究所は、戦後日本におけるマスコミュニケーション研究の拠点だった新聞研究所を、「社会情報の総合的研究」を目指して九二年に改組して設立された。その社会情報研究所が、さらに二〇〇四年には大学院組織（東京大学大学院情報学環・学際情報学府）へと移行したことを考えれば、この時期の大学が戦後の枠組みの抜本的な再編期にさしかかっていたことがわかる。

社会情報研究所がシンポジウムを主催したのは、ここが日本では数少ないメディア研究の拠点のひとつだったからだろう。だが仮に社会情報研究所が開催しなくても、この時期どこかの大学の学部が同様の動きをしたのではないか。社会情報研究所が開催したのはいくつかの要因が偶然重なったにすぎない。背景として、より大きな大学の知の再編が進められていたことをまず考えるべきだ。

この時のシンポジウムの参加者の顔ぶれは今見ても豪華というか、多様である。イギリスからスチュアート・ホール、デヴィッド・モーレー、アンジェラ・マクロビー、コリン・スパークス、アリ・ラタンシを迎えたこのシンポジウムには、社会情報研究所の企画の中心にいた花田達朗や吉見俊哉をはじめ、東大から上野千鶴子、小森陽一のほか、姜尚中、冨山一郎、鄭暎恵《チョンヨンヘ》といった、のちに日本のポストコロニアル理論を牽引していく研究者に加え、いささか場違いな感じの大澤真幸や室井尚などの名前も見える。

いずれにしても、このシンポジウムは、「文化」を扱おうという研究者をひととおり全部揃えたという感がある。領域を横断して批判的な人文社会系の研究者を集めたという点では類のない大きなプロジェクトだった。文化という枠組みによって歴史や思想、文学といった旧来の枠組みを越えた新しい体制を提供しようという意図が感じられる。

今から振り返ってわかるのは、この「カルチュラル・スタディーズ」導入のプロジェクトが、その後の大学における知識の生産の質的な変容に、はっきりと対応したものだったということである。狭義の「カルチュラル・スタディーズ」は、その後期待したほどの広がりを見せなかったが、広義の「文化の研究」――映画やアニメ、テレビ、演劇などの研究――は、九〇年代の大学の再編、とりわけ優秀な学生をより多く獲得しようと競争する私立大学の中で広く制度化されていった。

ラディカルを飼い慣らす

第二の要因は、大学における左派政治の変容である。冷戦構造の終焉とそれに続く社会主義的・共産主義的イデオロギーの影響力の相対的な低下は、それまで人文系アカデミズムにおいて一定の勢力を保っていたマルクス主義や左派勢力の質を変容させた。「カルチュラル・スタディーズ」に対して当初見られた過大な期待と過剰なバックラッシュは、この当時の左翼の不安に対応している。

かつてであれば、大学知識人であることは一定の自律性が保障されていることを意味し、彼らは社会の外側から体制を批判することができた。六八年以降の大学内の左派知識人は、こうした立場から自由に発言を行ってきたのである。そして、冷戦構造のもとでは資本主義イデオロギーに対抗するオルタナティヴとして、そのような左派知識人に対する大学内外の支持基盤が確実に存在した。

けれども、九〇年代とはそうした残滓《ざんし》がきれいに拭《ぬぐ》いさられていく時代である。新自由主義的な大学の再編で、大学制度の中にいながらあたかもその外部にいるかのようにふるまうことはますます困難になっていた。このことは、九〇年代に一気に進んだ大学自治会の質的変容や自治寮の実質的解体、セキュリティを口実に進められたキャンパスの管理強化に対して多くの大学知識人が口を閉ざしたままであるか、時にはそれを促進する役割を果たしたことに端的に示されている。

ここで個別の事例を批判しようとしているのではない。個人の政治的な立場にかかわらず、これまで批判的な知識人を演じてきた大学人の多くが、国家制度のもとで中間管理職的な役割を担わされ、抑圧する側にまわされたことは不幸としか言いようがない。しかし、こうしたプロセスの中で、大学のキャンパスからリアルな政治は、ほとんど消されてしまった。

そうした動向のもとで、大学から追い出されてしまったラディカルな政治理論を「文化理論」と位置づけなおして大学の制度の中に再度密輸入しようとしたのが「カルチュラル・スタディーズ」だった。

東京大学のシンポジウムの日本側基調講演を務めたのが、花崎皋平《こうへい》だったことは象徴的だ。花崎は、大学制度と運動との関係を考えるうえでとくに重要な思想家である。彼は、六八年の学生運動をきっかけにそれまで勤めていた北海道大学を辞職し、その後二度とアカデミズムに戻ることなく、環境問題やアイヌの先住民運動などにかかわる市民運動家として一貫して在野にあり続けた。

スチュアート・ホールの日本におけるカウンターパートとして花崎を選んだことは、大学の中に収まることのなかった「政治」を再び大学の中で考えたい、という「カルチュラル・スタディーズ」導入のひとつの方向性を示したものだった。けれども、そこには当初から両義的な側面があった。つまり、「カルチュラル・スタディーズ」の導入は、大学のキャンパスからリアルで同時代的な政治を追い出すことと引き換えに、政治のラディカルさを大学の中に制度化する——あるいはあえていやみな言葉を用いれば「飼い慣らす」ことでもあったのだ。

もちろん、こう書くと単純化しすぎているかもしれない。実のところ、密輸入された政治を飼い慣らすことなどできるわけもない。むしろ、興味深いのは、「カルチュラル・スタディーズ」の制度化の中で、「カルチュラル・スタディーズ」に隣接しつつも結局制度化されずに外に出ていったさまざまな「政治」のほうである。

輸出産業としての「カルチュラル・スタディーズ」

最後にやや本題からずれるが、第三の要因として、「カルチュラル・スタディーズ」の導入が、九〇年代に一気に進んだ大学のグローバル化の効果のひとつであることは指摘しておきたい。そもそも、東京大学のシンポジウム自体がイギリスの国際文化交流機関であるブリティッシュ・カウンシルの共同主催で行われた。

なぜ、ブリティッシュ・カウンシルが、「カルチュラル・スタディーズ」のシンポジウムを日本で共同主催したのか。ここには、先に述べた九〇年代のイギリスの教育制度の変容が大きくかかわっている。九〇年代を通じて、イギリスの大学制度は日本に先駆け、独立採算制、民営化路線を突き進んだ。日本と異なり、イギリスの大学はほとんどが国立である。かつてはイギリス国民であれば、原則どこの大学にも無料で入学でき、奨学金も手厚かった。これはイギリスに限らず、多くのヨーロッパ諸国でも採用されている高等教育政策であり、社会福祉的な性格が強い（とはいえ、こうした優遇政策は、比較的低い大学進学率と、日本とは比べものにならない入学後の厳しい教育プログラムとセットになっていることは、付け加えておくべきかもしれない）。

このような大学制度のもとでは、独立採算制、民営化路線への転換といっても、イギリス人学生の学費を一気に上げるわけにはいかない。また理系や社会科学系の学問と異なり、文系では民間企業などからの研究資金獲得も難しい。唯一の、そして簡単な資金獲得方法は、前述したように、外国人留学生から学費を多く徴収することである。アメリカの大学ではすでに数百万円の学費を徴収していることを考えれば、それなりの額の学費を設定することもできるだろう。というわけで、九二年の大学改革の時点で留学生の学費はイギリス人学生やEU諸国の学生のそれの約三倍に設定され、九〇年代を通して上昇し続けた。留学生の獲得は、イギリスの大学経営の柱になったのである。

それだけではない。イギリスの大学に世界中から学生を集めることは、イギリスを再び知識の「帝国」の中心として再編することを意味している。それは、九〇年代を通じてロンドンを世界の金融の中心であるグローバル・シティとして再編するのと同じように、イギリス全体をアートや文化の世界の中心として位置づけることで活性化するプロジェクトだったのだ。教育はイギリスにとって重要な産業であると同時に、将来にわたってソフトパワーを維持していくための戦略的な道具だったのである。「カルチュラル・スタディーズ」が、人文学におけるそうしたプロジェクトのひとつに位置づけられたのは皮肉なことだ。『廃墟のなかの大学』を書いたビル・レディングスによれば、大学の人文学の中で「文化」が研究対象として浮上すること自体、グローバリゼーションに対応したものである。かつて人文学の中心は哲学だった。ラテン語を共通言語とする哲学は、国境を越えて広く普遍的な知識を求め、それを通じて国家からは独立した知の体系を形成していたが、その後哲学に代わって大学人文学の中心となる歴史学と文学は、自国文化・母国語を中心とした知識を再編し、近代国民国家を形成する文化装置として機能した。

けれども、今日こうした国民国家の枠組みに縛られた大学という概念が終わりつつある。アメリカではすでに八〇年代に留学生が急増し、多文化・他民族状態は教室の日常的な風景になってしまった。イギリスでもこうしたグローバル化が九〇年代に進行し、人気のある学部ではイギリス人が数パーセントしかいない、という光景も珍しくなくなっていた。「文化」という曖昧なカテゴリーは、人文学のグローバル化に対応する新しい領域だったのである。

このように考えれば、ブリティッシュ・カウンシルが、積極的に「カルチュラル・スタディーズ」を新しい輸出産業と考えてシンポジウムを支援したことは、けっして偶然ではない。あるいは、私自身がブリティッシュ・カウンシルでゴールドスミス・カレッジを見つけて、九四年に渡英したこと自体、こうした戦略にまんまとはめられたということかもしれない。

人文学と地域研究への影響

日本における導入を批判的に見てきたが、文化研究が、大学制度の再編やグローバル化の単なるイデオロギー的な装置に還元されるわけではないことは、強調しておくべきだろう。むしろ文化研究は、このような人文学のグローバル化が進む過程で、そもそも人文学が制度的に形成されるうえで無意識のうちに前提となっていた国民国家の枠組み自体を問題にした。また人文学の西洋中心主義と男性中心主義は、たえず文化研究の批判の対象となった。たとえば、どうして思想史の中に西洋に属さない女性の思想家が少ないのか。こうした批判は、単なる批判に終わるだけではなく、歴史からこぼれおち、周縁化されてきた人々の歴史や思想に光をあてる試みへと向かった。

とくに文化研究が影響を与えたのは、地域研究《エリア・スタディーズ》という領域である。日本研究やアジア研究というように、地域によって専門性が区分されていた地域研究は、必ずしも哲学や思想、社会学などの強い理論的なバックグラウンドを持っていたわけではなかった。たとえば、デリダやフーコーの研究者と東アジアや南米を研究する研究者は、人文学と地域研究という異なる専門分野《ディシプリン》によって分断されていたのである。けれども、西洋中心だった人文学に、非西洋の研究者が参加し、彼らがそれまでの人文学が取り上げなかった非西洋の地域の問題や思想、文学、文化、そして理論を扱い始めたことによって、人文学は質的な変容を迫られていた。そのような中、地域研究は、西洋的な批判理論で武装しているように見えた文化研究としばしば緊張した関係を持つことになった。伝統的な地域研究にとっては、文化研究は過剰に理論を用いているように感じられたし、文化研究の側から見れば、地域研究は国や民族・文化をあまりにもナイーヴに理解しているように思われたのだ。こうした緊張関係のもとで九〇年代を通じて両者は互いに影響を与え合ったのである。

これまではあまりグローバルな文脈では語られてこなかった日本の思想や理論が、地域研究の枠組みを越えて取り上げられるようになるのもまたこのころだ。

日本への「カルチュラル・スタディーズ」の導入の関連で私が大きなインパクトを受けたのは、こうした知識のグローバルな流れの再編である。酒井直樹やブレッド・

ド・バリーといったコーネル大学の研究者が中心になって進めていた雑誌『トレイシーズ』や、台湾の陳光興やシンガポールのベン・ファ・チュアが編集する雑誌『インター・アジア・カルチュラル・スタディーズ』などは、日本でも編集会議やシンポジウムを開催し、日本の動向を積極的に海外と結びつけようとしていた。

西洋思想を一方通行的に輸入し、日本国内のオーディエンスを相手に消費するだけだった多くの人文学、とりわけ七〇年代から八〇年代にかけて日本で流行した構造主義やポスト構造主義、批判理論のあり方に対して、あらためて日本やアジアの側から玉を投げ返そうというこうした試みは、西洋中心主義を批判する文化研究の実践的介入だったのだ。

残念ながら六カ国語での出版を目指していた『トレイシーズ』は、おそらくその野心的すぎた試みのため最初の二冊で発行がスローダウンしてしまったが、『インター・アジア・カルチュラル・スタディーズ』は、年三回の発行回数を年四回へと増やし、英語圏におけるアジア研究の新しい流れとして広く認知されつつある。それは、アメリカやイギリスといった旧宗主国を媒介しない、新しい知識の生産様式を作り出しているのだ。

ポストモダン思想の再評価

ゼロ年代が終わりつつある今、九〇年代の半ばに導入された「カルチュラル・スタディーズ」の成果をきちんと評価することはむずかしい。結局のところ大学制度の中にそれほど定着したわけではないし、日本の大学制度が度重なる「改革」でガタガタにされていく過程で、人文学の大部分は崩壊同然になるか、そうでなければ保守化してしまった。とりわけ批判理論やマルクス主義の領域の大学における疲弊ぶりは甚《はなは》だしい。「カルチュラル・スタディーズ」という言葉もまた九〇年代的な流行語として過去のものとなりつつある。

けれども、その導入の成果は「カルチュラル・スタディーズ」という名称を超えて、さまざまな形で残っている。ここで今日的視点から文化研究が残したものを考えてみよう。

おそらく文化研究のひとつの成果は、あらゆる理論的な実践を再び政治的な実践として捉えなおすきっかけをつくったことである。その中でももっとも重要だったのは、八〇年代には高度消費社会のポストモダン理論として紹介されたフランスの構造主義、ポスト構造主義をあらためて政治的な文脈で位置づけなおしたことだ。

アルチュセールやフーコー、デリダやドゥルーズ、ガタリといった思想家たちは、それぞれ程度の差はあれ、みな六八年のパリ五月革命を転機として理論を展開させた。けれども八〇年代のニューアカデミズム・ブームにおいては、そうした政治的な文脈を意図的に無視したうえで、人文学の新しい潮流として脱政治化されて紹介された。皮肉な言い方をすれば、この脱政治化が、あらゆるラディカルさを資本の中に回収していく後期資本主義のロジックに適応して、ニューアカデミズムという名のもとにアカデミズムと文化産業の奇妙な融合が生まれたのである。

バブル経済の崩壊とそれに続く社会情勢の悪化は、八〇年代のニューアカデミズムの流行とそれに続く大学の制度化の中で隠蔽されていた、ポスト構造主義理論の政治的な側面に再び光を当てることになった。ラカンの精神分析は、批判的な映画分析に利用されつつ、フェミニズムの理論的源泉になった。フーコーの権力論は、九〇年代を通じて広がりつつあった反グローバリズム、環境運動、クィア政治学など、「新しい社会運動」の理論的支柱として再読された（「クィア政治学」とは八〇年代の終わりから広がった、フェミニズム、ゲイ、レズビアン、トランスジェンダーを含み込んだジェンダーと性の多様性をめぐる政治思想運動である）。ドゥルーズ＝ガタリの精神分析批判や資本主義の分析は、ポスト・フォーディズム的な後期資本主義を批判的に読解するためのツールとして再活用されることになった。

むろんこれらすべてを文化研究の成果とすることはできない。けれども九六年の日本への導入をひとつのきっかけに、ポストモダン思想に対する評価が変わったのは事実である。

カルチュラル・タイフーン

文化研究の現状を示すものとして、二〇〇三年から毎年開催されている「カルチュラル・タイフーン」というイヴェントを紹介しよう。これは二〇〇三年に早稲田大学で第一回目が開催されてから、沖縄、京都、下北沢（東京）、名古屋、仙台、東京で開催されてきた。会場によって参加者数にばらつきはあるが、毎回ほとんど五〇〇人以上が参加し、今となっては文化やメディア、社会学など隣接領域を扱うほかの学会に比べてもかなり大きなものになっている。出版産業のブームとしての「カルチュラル・スタディーズ」は終わってしまったが、文化研究は形を変えながら確実に浸透しているのである。

このカルチュラル・タイフーンが、通常の人文社会科学の学会と大きく異なる点は二つある。ひとつは、音楽や芸術、デザインや映画、演劇や独立系メディア、都市計画、NPOやNGO、市民運動、社会運動などの、文化や政治の実践者による多くのブース展示やワークショップを行っているところである。一種、大学祭的な雰囲気なのだ。研究発表テーマも、メディアや映画、アニメやゲームのようなポピュラー文化研究から、社会運動、政治、反グローバリゼーション、フェミニズム、都市までと、幅広い。

報告者の中には、狭義の「カルチュラル・スタディーズ」の研究者だけではなく、自ら文化的な実践や政治運動にかかわっている人も少なくない（「カルチュラル・スタディーズ」という用語でカテゴリー化されることに違和感を表明する人も多い）。大学院改革によって大学院生やその研究テーマが多様化しているが、かつてこうした文化や政治の運動の担い手だった市民や大学生に加えて、大学院生や研究者たちが研究のみならず実践的な活動をしていることが目立つようになった。文化研究の果たした重要な役割のひとつとして、研究者と実践者との間の壁を低くしたことが挙げられるだろう。

カルチュラル・タイフーンのもうひとつの特徴は、留学生と海外からの参加者が多いことである。カルチュラル・タイフーンは国際会議なので、英語による報告を受けつけていることもあるが、海外からの参加者は毎回三分の一を超えて、とくに東アジア地域を中心にした若手の研究者たちの交流の場として機能している。また韓国や中国、台湾、アメリカやそのほかの国からの留学生が積極的に発表する数少ない機会のひとつでもある。文化研究は、国境を越えて研究をする人たちの結節点になっているのである。

ここで確認しなければならないのは、九〇年代の中ごろから日本だけではなく、アジア諸国で文化研究が積極的に導入されてきたということである。とくに日本以上に、アメリカやイギリスでPh.D.を取得することがアカデミズムで生き残る重要な条件である台湾や韓国では、メディア研究や地域研究、文化人類学において積極的に文化研究が取り入れられた。また、それにともなって、アジア全域にわたる国境を越えた研究会や学会が一気に増加した。先に紹介した『インター・アジア・カルチュラル・スタディーズ』はその代表的な例である。

その結果、今ではアジアの研究者に共通の理論的な枠組みと研究基盤が生じつつあり、本来であれば密接に結びついているはずなのに国境によって分断されていた、歴史や文化のトランスナショナルな関係性を検討するための土台が固まりつつある。近代や近代化、植民地主義といった問題がトランスナショナルな視点から捉えられるようになったのである。その一方で近年、各国で反グローバリゼーションの運動やNGOの活動が活発になっているが、文化研究は、市場経済のグローバリゼーションのオルタナティヴとなる人文学のネットワークも形成しつつある。このネットワークは、アカデミックなシンポジウムだけでなく、国際的なワークショップやキャンプ、あるいは実際の政治運動を積極的に組織し、グローバル化する権力への対抗的運動のネットワークを形成しようとしている。

カルチュラル・タイフーンをはじめさまざまな場所で起こっているこうした動向は、文化研究の制度化の外にあるものである。また、そのトランスナショナルな性格のために日本の論壇からも見逃されてしまっている。これらは、ある意味では、文化研究が産声《うぶごえ》を上げたイギリスの「ニューレフト」的な運動の現代的ヴァージョンと言えるかもしれない。その可能性は、文化研究の内部に存在するのではなく、文化研究と外部を結ぶもの、そして文化研究の外にこぼれおちてしまうものの中にあるのだ。

第三章　90年代の転換②——大学からストリートへ

「フリーター的なもの」と九〇年代

一九九〇年代はフリーターの存在が可視化し、量的にも急速に増加していく時期である。平成一七年度版の『労働経済白書』(厚生労働省)によれば、九二年に一〇一万人に達したフリーターの数は二〇〇二年までにほぼ倍増し、二〇九万人にまで増加する。もっとも厚生労働省のフリーターの定義は、一五歳から三四歳までの、「アルバイト」または「パート」の雇用者であり、男性については継続就業年数が一〜五年の者、女性については未婚者に限定されているので、いささか定義が狭いかもしれない。派遣社員や、五年以上やむなくアルバイトを続けている人たちが除外されてしまっている。たとえば内閣府『国民生活白書──デフレと生活　若年フリーターの現在《いま》』(二〇〇三年)では、二〇〇一年現在でフリーターの数は四一七万人とされている。

さしあたり、フリーターの厳密な定義や数は、ここでの主要な議論ではない。しかし、その一方で九〇年代が、「フリーター的なもの」が私たちの社会に浸透し、主要な生活様式になった時代であることは今でははっきりしている。私がここで「フリーター的なもの」という時、通常フリーターから除外されている学生やパートタイマー、派遣社員として働く主婦、年俸制などで働く契約社員、そして失業者など幅広い流動的な労働者を含んでいる。

フリーター問題は、労働力率全体の低下、失業率や非正規社員全体の増大、正規社員の雇用形態の質的な変化、外国人労働者の増加といったほかの要因もふまえて考察する必要がある。

新自由主義経済のひとつの特徴は、主婦から学生まで（そして、場合によっては高齢者や児童、そして障害者にいたるまで）ありとあらゆる人間をフレキシブルで安価な労働力として編成するところにある。たとえば、大学生は飲食業や流通業、サービス業の人的資源の根本を形成しているという点で、今では重要な労働者である。大学生の存在抜きには、こうした産業は成立しないだろう。働く主婦についても同じことが言える。そして、大学生や主婦という労働力の低賃金と流動性、さらにはグローバルな規模でのさまざまな形の搾取労働が、フリーターの国内労働市場のあり方を決定している。それは、単に若年フリーターだけの問題ではなく、構造的な問題なのだ。

九〇年代を通じて、若年層の失業率が急増したことは、フリーター増加の基礎的な条件となった。フリーター層の中心をなす一五歳から二五歳までの失業率は九〇年に四・三パーセントだったが、二〇〇〇年には九・二パーセントまで倍増し、現在も高水準を保っている。しかし、この数字も、大学や大学院、各種専門学校への進学率の増大と、そもそも就職自体をあきらめ求職活動を行わない、いわゆるニート層の拡大を考え合わせると、それでも低く抑えられているとされる。

さらに、フリーターに分類されない非正規社員の問題がある。総務省が五年ごとに行っている『就業構造基本調査』によれば、雇用者（役員を除く）に占める非正規社員の比率は、九二年が二一・七パーセント、九七年が二四・六パーセントだったのに対し、二〇〇二年には三一・九パーセントにまで一気に増加した。九〇年代後半から二〇〇〇年代にかけてなんと七ポイントも跳ね上がったのだ。そしてこのことは既存の正規社員の雇用形態に対しても影響を与えている。成果主義や年俸制の導入は、正規社員の中に競争原理をもたらし所得格差を生み出した。そして下層の正規社員の労働条件は、非正規社員とほとんど変わりなくなりつつある。

フリーターの状況を考える際には、外国人労働者の増加についても触れる必要があるだろう。けっして外国人に対して開放的ではない日本政府の移民政策にもかかわらず、九〇年代は外国人労働者が一気に増大する時代でもある。厚生労働省「外国人労働者の雇用管理のあり方に関する研究会」（二〇〇四年）によれば、九〇年の外国人労働者は推計で二六万人（うち不法残留者が一一万人）だったが、二〇〇〇年には約三倍の七一万人（うち不法残留者二三万人）まで増加している。この増加には、一九九〇年に入管法が改正されたことによる、在留資格の整備と日系人の在留資格の拡大、外国人研修制度の規制緩和などが影響しているが、同時に産業界からの要請も原因としては大きい。

外国人労働者の仕事を職業別に見れば、製造業従事者がもっとも多い。二〇〇〇年の国勢調査によると、外国人全体で三六・二パーセント、ブラジル、ペルー、ベトナムからのニューカマーでは七〇パーセント以上を占めている。日本人全体の平均が一九・四パーセントであることを考え合わせれば、3Kと呼ばれた危険の多い単純労働に外国人労働者が動員されていることは容易に想像できる。そして、彼らの労働条件もまたフリーターとの競合関係に置かれ、際限のない競争に巻き込まれている。

こうした種々の動向を含めて、前述のとおり九〇年代は総じて「フリーター的なもの」が浮上してきた時代と言えるだろう。とはいえ、このことがはっきりとメディアの中で意識されるのは九五年以降のことである。ここでは、大きく九〇年代と一括する前に、「フリーター的なもの」がようやくマスメディアにも取り上げられるようになった九〇年代前半の文化と政治の関係について から始めたい。

「いのけん」の登場

九〇年代前半には、バブルの香りが文化的には残存していたものの、経済的な事情は確実に悪化した。八〇年代にはそれほどネガティヴに捉えられていなかった「フリーター」という語が否定的な響きを持ち始めるのもこのころである。この時代、一見すると対抗的な政治運動は退潮したように見えたかもしれない。労働運動の中心を担うべき労働組合の多くは正社員の既得権益を守ることを優先し、フリーターなどの非正規雇用の問題を真剣に取り上げることはなかった。大学は新自由主義の蔓延の中で、教員も学生も政治から遠のくばかりで、現実の政治に目を向けることが少なくなっていた。要するにこれまで政治にかかわってきた人々の中でフリーター問題に関心を持っていた人は少なかったのである。

けれども、このことは、この時代に政治が後退したことを意味するのではない。労働の現場や大学のキャンパスから追い出されて、対抗的な政治の中心はゆっくりとストリートへ移動しつつあった。労働組合や学生運動がかつての勢いを失ったことは、必ずしも否定的に捉えるべきではなく、かつての政治的しがらみ――それはしばしば、消耗戦を強いられる党派的な「内ゲバ」体質も含んでいた――から離れた新しい運動を生み出す契機ともなったのである。

そうした動向の代表的な例のひとつが、九二年から渋谷で活動を始めた「渋谷・原宿生命《いのち》と権利《けんり》をかちとる会（略称・いのけん）」である。

バブル経済の時には、多くの外国人が日本に仕事を求めてやってきた。バブルはアジアだけではなく中東や南米まで世界中の労働力をひきつけたのである。けれどもバブル景気の崩壊の波を最初に被《かぶ》ったのもやはりこうした外国人労働者たちだった。仕事を失った外国人、とりわけ日本の移民労働者としてはニューカマーであり、十分成熟したコミュニティを形成することがなかったイラン人たちは、行き場を失い、渋谷と原宿の間に位置する代々木公園に集まるようになった。

こうしたイラン人たちは、九二年に入るとしばしばマスコミに取り上げられるようになる。不正テレホンカードや麻薬の密売にかかわっているとして、潜在的な犯罪者というレッテルが貼られる一方で、オーバーステイの不法滞在者として警察の取締りの対象とされた。そこには、メディアと警察が一体となった人権侵害があったのである。それに対して抗議する若者たちを中心にいのけんが結成された。

在日外国人の支援から活動を始めたいのけんは、まもなくバブルの崩壊で急増したホームレスの支援にも取り組むようになる。代々木公園はまた住処を失った人々が集まる場所にもなっていたのだ。

そして、このホームレス支援はじきに代々木公園という場所を越え、九〇年代半ばにはやはり家を失った人たちが集まり始めていた新宿駅西口の野宿労働者支援へと代わり、山谷の運動と連動しながら「新宿連絡会」へ、そして二〇〇八年冬に日比谷公園の派遣村を組織したことで知られるようになる湯浅誠や稲葉剛らの「自立生活サポートセンターもやい」の活動へとつながっていく。また、いのけん本体は、九八年になると野宿している当事者たちの主体的な組織である「渋谷・野宿者の生活と居住権をかちとる自由連合（略称・のじれん）」へと発展的に解消していくことになる。

交錯点としての代々木公園

ここで、渋谷と原宿の間にある代々木公園という場所からいのけんが始まったことは、九〇年代前半から半ばにかけての「ストリートの思想」の発展を考察するうえで重要である。八〇年代には、西武百貨店やパルコ、ロフトなどセゾングループの拠点としてバブル景気を象徴した渋谷は、九〇年代に入ると急速に低年齢化し、「チーマー」や「コギャル」といった言葉とともに一種独特の雑然とした雰囲気に包まれるようになる。

その一方で、音楽シーンでは渋谷系というカテゴリーが生まれ、それまでのジャンルにとどまらない独自の文化が形成されていく。フリッパーズ・ギターやピチカート・ファイヴを代表とする洋楽志向の強い渋谷系のサウンドは、八〇年代末から九〇年代初頭にかけて起こったノスタルジックなバンドブームを経て、八〇年代前半のパンクやニューウェイヴがスペクタクルな資本主義によって包摂されていったことに対抗する自律的な運動だった。それは、表面的にはバンドの形式をとっていたが、イカ天から登場したバンド群とは一線を画しており、八〇年代後半のニューヨークのハウスミュージックやヨーロッパのレイヴカルチャーの登場に対応する、日本流の新しい音楽文化だったのである。

それは、当時イギリスに登場したハッピーマンデーズやプライマル・スクリームといったいわゆるマンチェスター・ロックが、形式的には伝統的なロック・バンドの様式をとりつつ、実態としては、DJとクラブを中心とするダンスミュージックの圧倒的な影響のもとで始まったことと似ているかもしれない。マンチェスター・ロックは、六〇年代末のヒッピーカルチャーの再来である、「セカンド・サマー・オブ・ラヴ」と呼ばれた八〇年代末のレイヴカルチャーの中から生まれたロックだった。

実際、日本におけるレイヴカルチャーの導入には、渋谷系の音楽以上に代々木公園

1998年、代々木公園フリーレイヴパーティ（撮影：清野栄一）

という場が重要な役割を果たした。『RAVE TRAVELLER——踊る旅人』などレイヴシーンを題材とした著作で知られ、自らもDJとしてパーティをオーガナイズする作家の清野《せいの》栄一は、九〇年代の日本のフリーパーティにおいて代々木公園が果たした役割について書いている[1]。

清野が代々木公園で、最初に家からステレオを持ち出してCDをかけたのは九六年のクリスマスのことだ。友人たちと音楽をかけて踊っているうちに、いつのまにか知らない人も数十人集まってきたという。そうしたことを繰り返すうちに、清野以外にもいろいろなブースがあちこちに生まれ、すぐに数百人の規模にまで膨れ上がった。

おもしろいのは、この代々木公園で、清野たちのパーティ・グループと公園で暮らすホームレスとの間に付き合いが生まれていたことである。大きな音を出すためには最初にまわりの人に挨拶をしなければならない。酒をお礼に渡したりしているうちに、中には一緒にパーティに参加して踊る人も現れる。「ホルタートップ姿の女の子とホームレスのおっさんが焚き火を囲んで毎週一緒に踊っていたのは、世界じゅうでも代々木公園ぐらいだろう」と清野は述懐する。

代々木公園とレイヴシーンをめぐっては、もうひとつ補助線を引くことができる。それは湾岸戦争である。イラン人が八〇年代末から日本に増加するのは、イラン・イラク戦争が一九八八年に終わったことが強く影響している。復興期のイラン人たちが、バブル期の日本に職を求めてやってきたのだ。そして、九〇年代の日本にレイヴシーンが導入されるにあたっては、やはり外国からのトラヴェラー、とくに湾岸戦争の前後に兵役を逃れて世界中を旅していたイスラエルの若者たちの存在が大きかった。代々木公園の変容には、グローバルな経済と戦争が反映していたのである。

こうしたことをふまえると、前章で紹介した湾岸戦争反対声明を出した知識人たちは、身近な問題に触れることなく、遠くの何やら安全な場所から発言していたように感じられてならない。グローバリゼーションの時代とは、中東問題が代々木公園の問題と直結する時代なのだ。

公共圏の変容

もちろん、いのけんの社会活動に比べると、渋谷系の音楽やレイヴシーンが表明する政治は、はっきりとしたメッセージにもとづいた政治運動でもなければ、目標を掲げた対抗運動でもないので、政治運動としては捉えにくいかもしれない。けれども、ここにはやはり政治が駆動しているのだ。

まず何よりも八〇年代初頭のパンクやニューウェイヴと同じように、DiY的な営為を通じて自律的な空間を作り出そうとする動きがここにあったことは確認しておきたい。また第四章でも触れるが、二〇〇三年にイラク戦争が始まりその反対運動として渋谷でサウンドデモが組織された時に、清野栄一や同じ時期に代々木公園でフリーパーティをやっていたレゲエシーンの草分けであるランキン・タクシー、そして、それまでほとんど政治的な発言をしたことがなかったピチカート・ファイヴの小西康陽《やすはる》までがDJとして参加したこともけっして偶然ではない。それは、音楽と身体を媒介とした政治へのかかわり方だが、言葉やイデオロギーに動かされた政治運動よりも、はるかに直接的で具体的なかかわり方だったのである。

九〇年代中盤までは、いのけんの運動と代々木公園のレイヴシーンやフリーコンサート、オーバーステイするイラン人とイスラエル人のDJ、そしてブルーテントに暮らす野宿者たちは、それぞれ別の時間を生きていた。けれどもここで偶然の交錯点が生じたことは、「ストリートの思想」を生み出す基本的な前提となったのだ。

そこでは「空間」の共有、すなわち新しい公共圏が目指されていたのである。公園は、歴史的に公共圏のひとつだった。公共圏とは、誰もが自由に参加し、意見を交換し、政治的な議論を戦わせることができる場所だ(2)。一八世紀ヨーロッパのカフェやサロンが典型だろうが、二〇世紀においては新聞やテレビなどのマスメディアも公共圏のひとつである。

日本の公共圏を考えてみれば八〇年代までは、公共圏として中心的な役割を果たしていたのはマスメディア、とくに新聞や論壇誌と呼ばれていた雑誌と、大学という比較的自律性が保たれていた空間だった。

ところが九〇年代に入ると、この両者の影響力が急速に低下する。新聞は、それでも公共圏として世論を形成する機能をなんとか果たしていたが、論壇誌は急速に狭いサークルに閉じられ一般の人々に対する訴求力を失っていった。大学は、前章で述べたような理由で、単なる教育機関へと切り詰められ、さまざまな立場の人が自由に出入りして、議論ができる場ではなくなりつつあった。

九〇年代を通じて、論壇誌に代わって公共圏として機能するようになるメディアは、ひとつはテレビ、そして九〇年代末あたりからはインターネットである。この二つのメディアは今日、相互に補完し合いながら、政治的な議論がもっとも積極的に交わされ、意見が交換されている場所となっている。

こうした新しいメディアが、新聞や論壇誌の公共性を侵食していく一方で、空間としては、大学に代わって登場したのがストリートや公園である。渋谷のストリート、代々木公園、そしてあとで述べる新宿西口地下、こうした空間が、圧倒的に切り詰められていく都市空間の中の新たな公共圏として浮かび上がってきたのだ。この公共圏は、大学のように囲われ、固定された空間ではない。たえず移動を強制される、一時的な不安定な空間である。けれども、その特徴のために、これまで大学という公共圏にはあまりアクセスすることがなかった人々を巻き込むことが可能になった。

「ストリートの思想」の胎動

公共圏が、新聞や論壇誌、大学から、テレビやインターネット、ストリートへと移行することで、二つの重要な変化が生じた。

第一に、公共圏を構成する主体が変わった。新聞や論壇誌、大学が中心的な役割を果たしていた時代は、職業的な評論家や思想家、大学人や学生以外の人たちが議論を構成することは難しかった。せいぜい投稿欄を通じて、読者として議論に参加するほかはなかった。

テレビやインターネット、そしてストリートの浮上は発言者を二極化させた。ひとつはテレビを通じてこれまでの新聞や論壇誌以上に影響力を行使するコメンテーター的な知識人の登場である。これは前章で見たように、社会工学的な知識の重要性を高めた。その一方で、テレビ的な公的知識人の数は、これまでの新聞や雑誌よりもはるかに絞られ、その専門領域や政治的志向性の幅も圧倒的に縮められた。テレビ的な議題を設定することで、極端な――といっても実際のところ極端でもないのだが――政治的立場は排斥され、「政治」の領域はこれまでになく狭められたのである。

その代わりに、広範囲な政治が議論されるようになったのがインターネットとストリートにおいてである。とくにストリートは、実際にフェイス・トゥ・フェイスでコミュニケートするというその特性のために、対抗的な政治を議論する重要な場となった。そこで中心になるのは、私が「フリーター的」と呼んだ人たち、狭義のフリーターやニート、大学生や大学院生、野宿労働者、外国人たちである。ストリートは彼らが議論することができる数少ない場として浮上したのである。

もうひとつ重要な変化は、コミュニケーションの様式である。新聞や論壇誌、大学が議論の中心だった時代は、活字メディアによる文字コミュニケーションが議論の中心的な様式だった。このことは、議論の発話者や読者にとって一定のハードルとなり、誰が発言するかを選別した。基本的な読み書き能力《リテラシー》がなければ、議論の中に入ることができなかったのである。

テレビやインターネット、そしてストリートに公共圏の中心が移動したことによって、コミュニケーションのモードも変化した。活字メディアの重要性が相対的に低下し、映像や音楽といった視聴覚メディアがコミュニケーションの中心になった。テレビにおいては、話す内容以上に、容姿や話し方、わかりやすさといったことが合意形成の重要な要素となった。ストリートにおいても、口語のコミュニケーション（おしゃべりやトーク）、そして、そこで流れている音楽やファッション、ちらしやビラ、写真や絵といった視覚メディアが、議論や合意形成の重要な要素となったのである。そしてこのことは、これまで狭義の「政治」から排除されていたさまざまな人が、別の形の政治に参加する契機となったのである。

もちろん、こうした公共圏の変化には、長所と短所がある。伝統的な公的知識人は、こうした変化の中で相対的に発言力を失っていった。合意形成がなされる際の重要な要因が、論理的な議論ではなく、むしろ「気分」という曖昧な領域へ移動したのである。けれども、その一方でこうした変化は、のちに述べる「ストリートの思想家」とでも呼ぶべき新しいタイプの知識人を生み出した。その多くは、活字メディアを中心とする言論によって合意を形成していくのではなく、音楽やアート、直接的な対話を通じて合意を形成していく知識人である。

八〇年代において、ポストモダン理論と社会運動、サブカルチャーという三角形の中にあった「ストリートの思想」が明確な形を取り始めるのは、こうした新しく登場しつつあった公共圏においてである。九〇年代初頭の代々木公園の喧騒は、この「ストリートの思想」のための空間を準備しつつあったのだ。

転換期としての九五年

九〇年代を俯瞰すると、八〇年代がバブル以前とバブル以降にわけられるように、九五年を時代の転換期として捉えることができる。九五年は、立て続けにいろいろな出来事が起こった。一月の阪神淡路大震災と、前章でも述べたオウム真理教による地下鉄サリン事件だけではない。国際関係を考えるうえでも九五年は重要な年である。九月の沖縄県少女暴行事件は、これまでの日米関係のあり方や沖縄の基地問題の矛盾が露呈した事件だった。そして、皮肉なことだが、これをひとつの契機として、東アジアにおける軍備の再編が開始された。また、九五年はＷＴＯ（世界貿易機関）の設立の年でもある。ＷＴＯは、グローバルな規模での自由貿易を徹底的に推し進め、世界中の労働者を恒久的に不安定な状況に陥らせた。私たちが、今日前提としている統一的な世界市場とグローバルな規模の軍隊＝警察組織の整備が具体的な形をもって登場したのが九五年だと言える。

国内政治に目を向けると、九五年とは、自民党政権が復活に向かった年と位置づけられる。非自民党政権崩壊を受け、九四年に自社さ連立（自民党・社会党・新党さきがけ）による村山政権が発足する。翌九五年、村山政権は戦後五〇年にあたっての首相談話を発表し、社会党らしさを演出したものの、政権を担ううえで社会党は現実的な路線へと転じて、質的に変化してしまう。結局さしたる功績もないままに九六年には退陣し、橋本政権へバトンを渡すことになる。

しかし、このことは、単純に以前の自民党政治に回帰することを意味するのではなかった。政権奪回後の自民党政治は、政権維持のために根本的な政策転換を余儀なくされる。村山政権が重要なのは、意図的かどうかは別にして、社会党という仮面によって政策転換をカモフラージュする役割を果たしたことだ。この改革路線が表面化するのは、橋本政権が九七年に「六大改革」を掲げてからである。その意味で九五年は、橋本政権の改革路線を準備した年としても位置づけることができる。

橋本政権「六大改革」

「六大改革」とは、橋本政権が掲げた六つの領域（財政構造、社会保障制度、金融システム、行政、経済構造、教育）における抜本的な改革である。その根底には、戦後日本を支えてきた政治や経済、社会の制度が疲弊してしまったので、根本的に新しい枠組みを作らなければならないという意識がある。実際に橋本内閣は何を訴えたのだろうか。次は六大改革を発表した時の橋本龍太郎のメッセージである。少し長くなるが、転機を示す重要な文章なので引用してみよう。

戦後五十年の間、わが国は、国民や地域の平等性を求めながら、豊かな国民生活を手に入れることを目標とし、大きな成果を手に入れることができました。この間、もろもろの規制をはじめとする行財政システム、社会保障・福祉や教育のあり方、国と地方との関係などは、この目標に合った形で作られ、うまく機能し、今や社会全体に深く根を下ろしています。

しかしながら、少子高齢化と世界の一体化が急速に進む中で、現在の仕組みを根本から見直し、改革しなければ、わが国の活力ある発展が遂げられないことは明らかです。だからこそ、私は、世界の潮流を先取りする経済社会システムを一日も早く創り上げたい、そのために、行政、財政、社会保障、経済、金融システム、教育の六つの改革を断行したい、と申し上げています。

私が目指す社会は、国民の一人一人、とくに二十一世紀を担う子供たちが、将来に夢や目標を抱き、努力次第でそれを実現できる社会、言いかえれば創造性とチャレンジ精神を存分に発揮できる社会、そして世界の人々と分かち合える価値を創り出すことのできる社会です。現在の社会を個人の選択の自由と自己責任を基礎とする社会に改革していくためには、抜本的な規制の撤廃・緩和と財政構造改革を断行し、民間活力を牽引車とする経済の活性化を進めなければなりません。これに対応して行政のスリム化を進めることも必要です。また、年金受給者が毎年百万人以上増加する状況の下で、医療・年金・福祉を通じた社会保障全体の構造改革を進めなければなりませんし、次の世代を育てる教育についても大胆な見直しが必要です。

六つの改革は相互に密接に関連し合っており、一体的に、かつ、一気呵成に進めることが必要ですが、社会に深く根を下ろしている慣行や仕組みを変えることは、容易ではありません。財政や政府の保護に頼って現状に甘んじ、衰退の道を歩むのか、それとも、しばらくの苦しさを我慢しながら、将来を見据えて新しい仕組みを築いていくか、選択の大きな分かれ目です。

私は後者の道を進みます。その目標に向かって、自ら方向性を示し、皆様からいただくご意見、ご提案に謙虚に耳を傾け、真剣に議論し、決断し、実行したい。心から願います。(3)

この文章には、現在の新自由主義路線のレトリックが、ほとんどすべて出揃っている。まず特徴として見られるのが、戦後の社会が「国民や地域の平等性を求めながら、豊かな国民生活」を目指すという目標にそって形成されてきたという認識である。ここでは「平等性」と「豊かな国民生活」という理念が過去のものとして葬り去られている。それに取って代わる理念が「努力次第でそれ（夢や目標）を実現できる社会」「創造性とチャレンジ精神」、つまりは徹底的な競争原理の導入である。この競争原理のためのキイワードになるのが「個人の選択の自由と自己責任」であり、そのために必要とされるのが、「抜本的な規制の撤廃・緩和」と「財政構造改革」「行政のスリム化」、そして最終的には国民が「しばらくの苦しさを我慢」することが必要だというのだ。

この路線は景気が一向に回復しないため、小渕内閣、森内閣で一時中断するものの、しばしば指摘されるように、のちの小泉内閣の改革路線の原型となる。「自民党をぶっ壊す」と言って登場した小泉内閣だが、この橋本龍太郎のメッセージを見る限り、橋本内閣と小泉内閣の間に違いはほとんど存在しない。今日の私たちの基本的な条件は、ほぼこの時期に確立されたと言えるだろう。

新宿ダンボールハウス村

さて、時代の転換期である九五年、私はイギリスに渡ったばかりであり、このころは年に一度くらいしか東京には帰らなかったが、帰国するたびにその変容ぶりに驚かされた。中でも印象に残ったのは、新宿西口地下一帯に広がったダンボールで作られた家の群れだった。このダンボールハウスは訪れるたびに拡張を続け、あたかもひとつの村が突然新宿の地下に生まれたかのような様相を呈していた。当時ロンドンに住んでいた私にとって、新宿ダンボールハウス村は時代の象徴的イメージとなった。

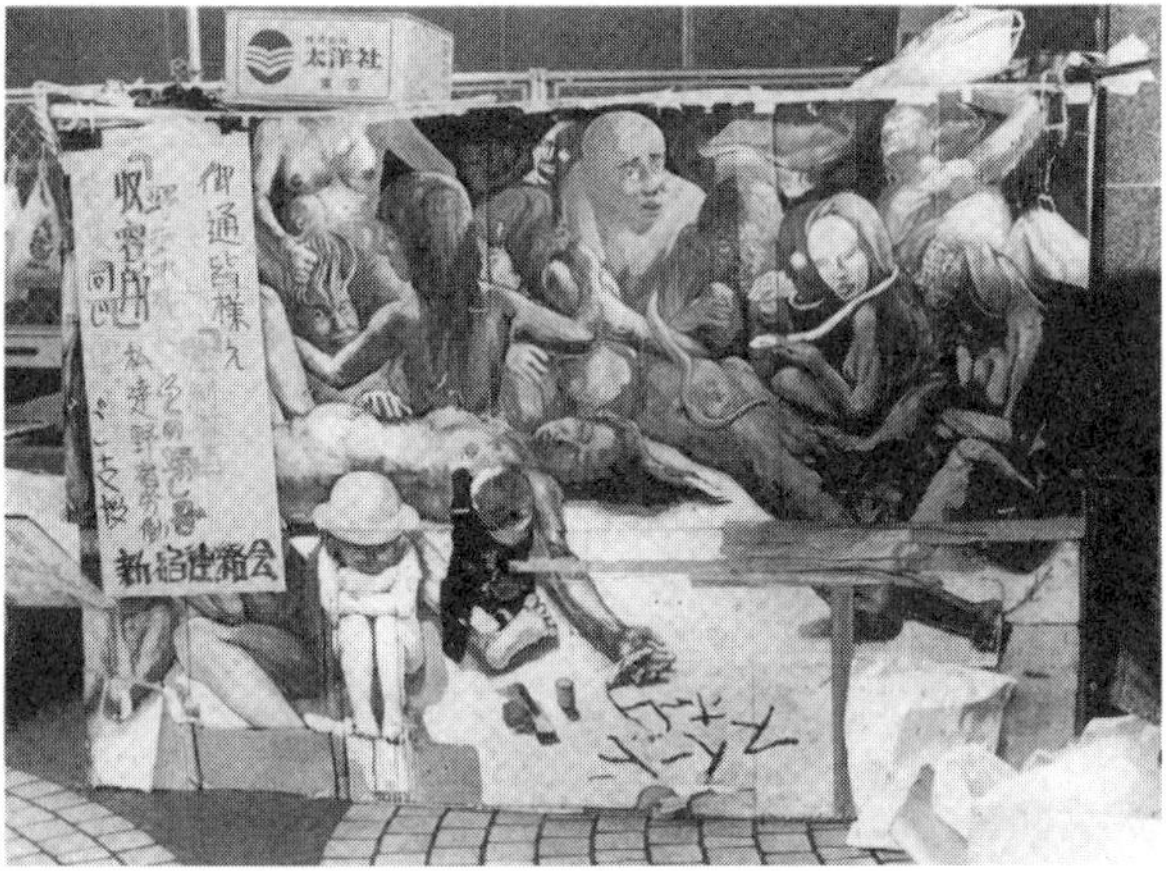

新宿ダンボールハウス村「スイートホーム」。1996年1月24日に強制撤去される（撮影：迫川尚子）

この新宿ダンボールハウス村がとくに興味深かったのは、ダンボールでできた仮設の家の多くにカラフルな絵が描かれていたからである。「シュールな」としか呼びようのないその奇妙な絵画群は、時代の不安を象徴しているようにも感じられた。

九八年に帰国してからダンボールハウスのことを調べ始め、残されていたわずかな資料と写真を手がかりにダンボールハウス村絵画について論文を書いた。これはのちに大幅に改稿して、上野俊哉との共著である『実践カルチュラル・スタディーズ』[4]に収められている。その後、九州大学から東京藝術大学に異動して、ダンボールハウス村

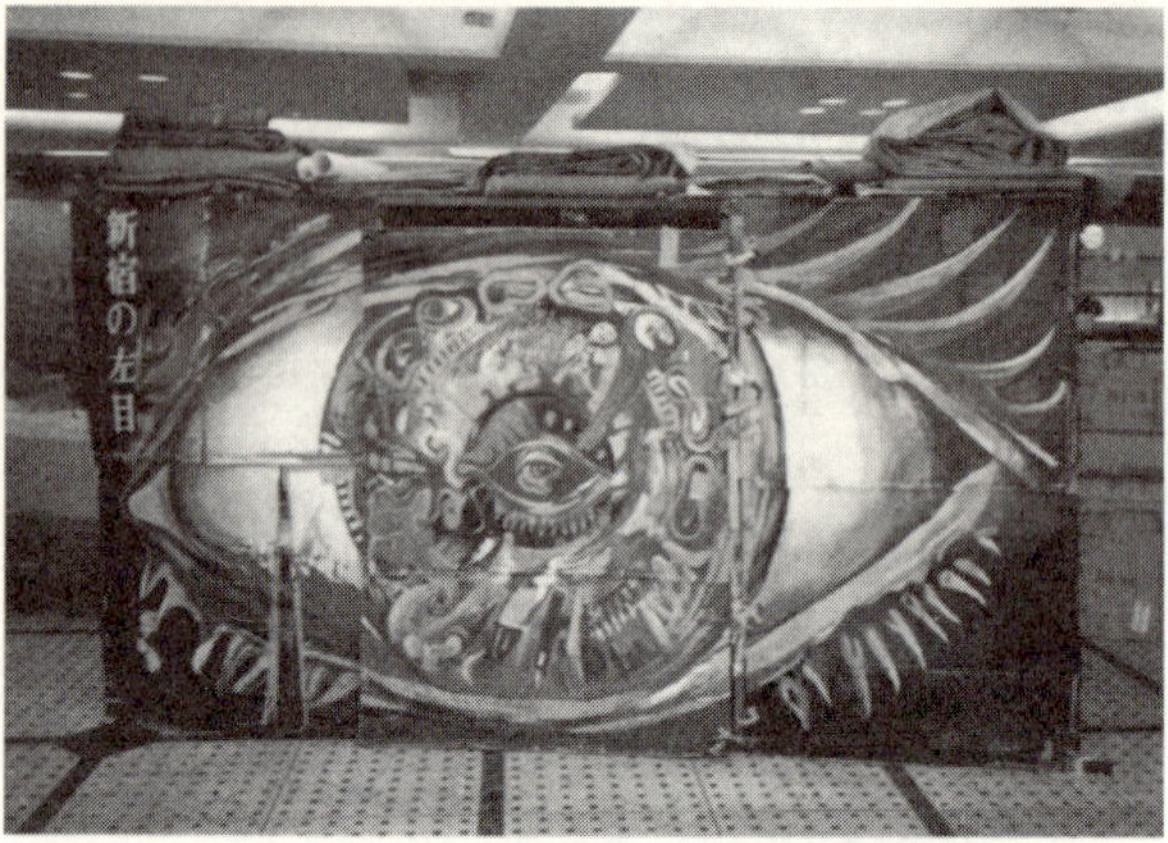

新宿ダンボールハウス村「新宿の左目」
（絵：武盾一郎、山根康弘、吉崎タケヲ　撮影：迫川尚子）

で絵を描いていた中心人物である武盾一郎《じゅんいちろう》に会うことになる。

二〇〇五年になると、私は当時の状況を検証する「新宿区ダンボール絵画研究会（通称ダン研）」に参加する。研究会のメンバーは武盾一郎、武の作家活動を支援していたキュレーターの深瀬鋭一郎、『現代思想』の編集長池上善彦、編集者の原島康晴、そして当時武と一緒に絵を描いていた山根康弘などだ⑸。

新宿ダンボールハウス村とは何だったのだろうか？

バブル崩壊後、急速に広がった不景気のために都内のホームレスの数が急増していた。とくに新宿駅西口地下には、雨風をしのぐ場所とその日の食事を求めた人々が、九四年ごろから流入し始めた。東京都本庁舎へと向かう西口地下通路、地下広場（通称インフォメーション広場）、そして京王新線地下道に、彼らが住むためのダンボールハウスがつぎつぎと作られた。新宿ダンボールハウス村は、当時の経済状況の悪化を象徴的に、そして視覚的に示した空間だったのだ。

このダンボールハウスを、東京都は継続的に排除しようと試みる。九四年の強制排除をきっかけに、渋谷のいのけんの一部が、山谷でやはり野宿者支援を続けてきた山谷争議団のグループと合流して「新宿連絡会」という支援組織が結成された。

この時期に、ダンボールハウスに絵を描き始めたのが、当時美術学校の予備校生だった前述の武と吉崎タケヲだった。九五年に「新宿の寅さん」と呼ばれたSさんのダンボールハウスに絵を描いたのがきっかけである。そこに予備校の同級生だった山根康弘も加わり、西口地下は、カラフルでシュールな絵が描かれたダンボールハウスで溢れかえることになる。

ダンボールハウス絵画は、単に文化やアートの問題にとどまらず、政治的に重要な問題と結びついている。新宿駅西口は、次第に路上生活者を排除しようとする東京都や警察との政治的な抗争の場となっていく。九六年には、「動く歩道」を建設するという理由で、地下通路からダンボールハウスが強制撤去される。その後ダンボールハウスは、インフォメーション広場に集中するようになり、東京都や警察と緊張関係を保ちながらも、あたかも村のようなコミュニティを形成していく。一番多い時には三〇〇軒もの「家」があったという。

結局、このダンボールハウス村は九八年二月一四日に自主撤去することになる。二月七日にダンボールハウス村に火災が起こり、そこで暮らしていた四人が死亡したことがきっかけだ。希望者約一七〇名が東京都との話し合いで施設に入り、約三〇名が新宿中央公園に移動してテント村を作ることになった。

「寄せ場」化する日本

新宿ダンボールハウス村をめぐる出来事を、今日転換点だと感じるのは、九〇年代前半から増加してきたフリーターの世代が、この出来事を契機に野宿者の問題を自分たち自身の問題として考えるようになったからである。このことは、渋谷で活動をしていたいのけんと山谷で活動をしてきた山谷争議団が東京新都庁の膝元の新宿で出会うという出来事に象徴的に現れている。

第一章で、フェリックス・ガタリが山谷から下北沢まで「横断」したことを紹介した。その時には、この「横断」の意味はまだ、それほどはっきりとはしていなかった。それから一〇年後、この横断の線はひとつの「点」で交錯する。それが、都庁舎の移転先となって新しく東京の中心となった新宿という場だったのだ。「寄せ場」として知られる山谷は、近代産業を支える流動的な労働力を「日雇い」という形で提供してきた場所である。その仕事の多くは、建設現場などの日雇い労働だったが、不動産バブルの八〇年代が終わると急激に労働市場は冷え込み、労働者の高齢化もあって、山谷は厳しい状況に陥っていた。

景気の後退は産業構造の転換を余儀なくさせた。ひととおりの近代化が完了すると、サービスや情報、金融など、より非物質化されポスト・フォーディズム化された産業が中心となり、かつての日雇い労働者は、保障もないまま放棄された。その一部は、食と暖を求めて新宿に流れ込んだ。新宿新都庁をはじめ、バブル期に計画された再開発の象徴である新宿の高層ビル群が、山谷に代表される日雇い労働者によって作り出されたことを考えれば皮肉なことである。

とはいえ、九〇年代に進んだ事態とは、もはや山谷が特別な場所ではなくなり、日本全体が「寄せ場」化したということである。フリーターとは、断片化され、流動化され、非物質化された、飲食業やサービス業や情報産業、下請け製造業に従事する、

「寄せ場」を持たない「日雇い」労働者の別称にほかならない。違いといえば、かつては物理的に山谷に行かないと仕事が探せなかったのが、インターネットと携帯電話のおかげで、どこにいても仕事を探せるという点だけである。

九五年とは、こうした実情にみんなが急速に気づき始めた年である。新宿ダンボールハウスに描かれた絵は、人々のそうした不安を象徴的に示したものだった。新宿西口中央公園では野宿者たちを中心に毎年恒例の夏祭りが開催され、そのころにはソウル・フラワー・ユニオンや大友良英のようなミュージシャンも登場し、若い世代を集めるようになる。それは、フリーター世代が、潜在的にホームレス状態にあることの無意識の表現だったのだ。

新宿のダンボールハウス絵画をめぐる出来事は、ひとつの時代の終わりを示している。それは、八〇年代半ばに始まったバブル文化の完全な終焉である。西新宿に屹立《きつりつ》する新都庁は日本のポストモダン建築の象徴であると同時に、短期的にはポストモダンを育《はぐく》んだバブル経済、長期的には公共事業によって牽引されてきた日本の高度成長の象徴でもあった。その経済を支えた労働者たちが景気の後退によって職を失い、新宿駅西口に流入したのがダンボールハウス村なのである。

ダンボールハウス村をめぐる闘争が続いた九五年から九八年までは、「政治改革」

という路線が開始する時期に対応している。それは都市空間からオルタナティヴな公共空間が次々と奪われていく時期でもある。経済において支配的なイデオロギーとなるのはグローバリゼーションと新自由主義経済であるが、都市空間の管理において支配的になるイデオロギーは、私有化《プライヴァタイゼーション》の徹底と安全性《セキュリティ》の上昇である。

とくにオウム真理教事件以降、非常事態が常態化し、警察による行政的権力が法を凌駕《りようが》し始めていた。オウム真理教事件では、しばしば「戦争」の比喩が使われ、それを口実に擬似的な戒厳令状態が形成される。犯罪の予防のためには、一定のプライヴァシーが侵害されるのもやむなしという合意が形成されるのである。それにともなって、不特定多数の匿名の人々が集《つど》う都市の公共空間は、潜在的な犯罪空間として扱われるようになる。

ダンボールハウス村は、前述のとおり、九八年二月の大火災をきっかけに自主退去することになった。もちろん現実にはいろいろな困難がある中での決断だったのだが、以後、新宿駅周辺からは野宿労働者の姿は消えていった。

集合的表現の始まり

しかし、九五年はその一方で始まりの年でもある。それは「改革」の始まりの年であると同時に、「フリーター的なもの」が受動的な存在であることをやめて、積極的に自らの文化や生活を作り出す力を示していく転機となった年でもあるのだ。武盾一郎は、当時の自分は今でいう「ニート」だったと述懐しているが、新宿ダンボールハウス村に描かれた数々の絵は、「フリーター的なもの」が生み出す新しい時代の文化と政治を予感させるものでもあった。人々はオルタナティヴな公共空間をダンボールハウス村の中に作り出し、支援団体や政治活動家だけではなく、武をはじめとする若いアーティストたちもその共同体の可能性に賭けていた。

ダンボールハウスの絵画群は今では残っていないので、写真で確認するほかはない。何よりも驚かされるのは、そのおびただしい量だけではなく、同時にその絵が持っている不思議な、圧倒的なリアリティである。このリアリティは、絵を描いた個々人に還元することはできない。そこでは、ダンボールハウス村に住む人々の有形無形の集団的無意識がランダムに噴き出しているかのようだ。

けれどもその一方で、ダンボールハウス村にはそれぞれの人の顔がはっきりと感じられる。それは、絵が描かれているのが単なるダンボールではなく、人々が生活をしている「家」だということにもよるのだろう。まるでそこで暮らしていた野宿者たちと武、山根たちの、共同のアートプロジェクトのようだ。それは、個々人の存在を超えた巨大な創造物なのだが、けっして個人が埋没せずに自己主張しているような、不思議な混合物だったのである。

もちろん、結果的に警察によって撤去されてしまったダンボールハウス村を、過剰にユートピア的に捉えるのは危険だろう。けれども、新宿という都市の真ん中で、政治と文化が拮抗しながら、ある対抗的な軸を作ろうとした新宿ダンボールハウスアートのプロジェクトは、その後生まれてくるさまざまな「ストリートの思想」の先駆けだったのではないか。それは、二〇〇八年の日比谷公園の「年越し派遣村」まで幾度となく繰り返される集合的表現の始まりだったのである。

『現代思想』の「ストリート・カルチャー」特集

ところで、私が新宿ダンボールハウス村の意味を考えるようになったのは、九七年の『現代思想』の特集「ストリート・カルチャー」によってである(6)。それまで、ダンボールハウスを目にしてはいたものの、それが何を意味するのかまではきちんと把握していなかった。この「ストリート・カルチャー」の冒頭の、小倉虫太郎による武盾一郎のインタヴューを読んで、遅ればせながらこの運動の意味を把握したのだった。

この特集では、「ストリート・カルチャー」という言葉で一般的に想起されるファッションや音楽など若者文化が紹介されているのではない。ここで取り上げられているのは、「新宿ダンボールハウス絵画運動」をはじめ、共同保育など新しい家族のあり方を考える「沈没家族」、銭湯を通じて若者の都市生活の問題を考える同人誌『カラカラ』、東大駒場寮廃寮反対闘争、スクォッティング（空家など空間占拠の運動）、クィア運動など、九〇年代半ばから急速に拡大を見せた文化政治運動である。

当時、まだロンドンに住んでいた私に「『現代思想』がとんでもないことになっている」と、いささか興奮した文面のメールをくれた友人が送ってくれたこの号を見て率直に驚いた。私が知っている『現代思想』とはまったく違うテイストの特集だったからである。

何よりも最初に驚いたのは、寄稿者の名前である。究極Q太郎や小倉虫太郎、ペペ長谷川といった、これまでの『現代思想』からは考えられないような、冗談とも本気ともつかぬ名前が並んでいる。東京を離れている間に、新しい状況が生まれたのではないか。私は東京で大学生活を送っていなかったので、東京の同世代や少し下の世代の運動についてほとんど何も知らなかった。そのこともあって、唐突な印象を受けたことを覚えている。

なぜ、「ストリート」なのか。編集後記には次のように書かれている。

ここにきてますますはっきりしてきたことのひとつに、一九九五年のもっている意味というものがあるような気がする。大震災にはじまり、オウム事件、沖縄、ホームレス、そして自由主義史観の登場へと続く流れの中に一定の位置づけをするのであれば、あの年の決定的な重要性が浮かびあがってくるだろう。あの年からすべてが可視的になり、分裂し、また再編しようとする力が働くことになったのだ。

そして、それから以前に、そしてそれ以後、無数の場所で集合離散をくり返しながら、ある時は重なり合い、またずれながらさまざまな動きをくり広げてきた都市のアクティヴィストたちがいる。（中略）都市は人を教育する。それはいわゆる教育とはまったく違った仕方で。(7)

一読して推察されるとおり、「ストリートの思想」という発想は、九七年に同誌編集長の池上善彦が書いた枠組みに多くを負っている。九五年という転換点。それをきっかけに生まれた都市のアクティヴィスト。池上は「都市の教育」という言葉を使っているが、それははからずも「大学からストリートへ」という公共圏の転換を示したものだ。

とはいえ、本書では「ストリート」という言葉を、この「ストリート・カルチャー」よりは幅広い意味で用いている。それは、一言でいえば、サブカルチャーやポップカルチャーをその重要な構成要素と捉えている点である。『現代思想』では、文化的アクティヴィズムよりは、むしろ政治的アクティヴィズムに力点が置かれている。

そうした力点の違いはあれ、この特集が紹介している「ストリート・カルチャー」の実践は、「ストリートの思想」へと向かう、私がここまで述べてきた九〇年代の大きな転換をはっきりと示していた。

「だめ連」的なものの登場

「ストリート・カルチャー」特集の寄稿者の中でも、とくに異色の存在が「だめ連」である。「だめ連」は「連」という語を用いているので、党派的な集まりのように思われがちだが、別に組織的形態をとっているわけではない。とくに規約があるわけでもなく参加は自己申告制であるから、メンバーは常に流動的だった。そもそも組織ではないので、中心と呼ぶべき存在はいない。中心というより代表的な存在に、神長恒一やぺぺ長谷川がいて、それ以外にもさまざまな人が当時「だめ連」の名のもとに集まっていた。

「だめ連」は、何か具体的な運動を行っているわけではない。むしろ何もしないことを是《ぜ》とするような、新しいライフスタイルの提案である。バブルの崩壊とともに若者の間に一気に広がった閉塞感の中で「うだつ」をあげたり「ハク」をつけたりするのをあえて拒否しながら、自分たち自身の生活スタイルを探していくこと。「だめ連」の活動の中心は「トーク」、人が集まって語り合うことである。「トーク」を通じて、自分が抱えている問題を語り、同じような問題を抱えている人がいると知ることで、少しでも楽に生きられる道を探そうという試みだった。神長恒一は、「だめ宣言」の中で書いている。

ダメな人こそ集うことが重要なのではないでしょうか？（中略）ダメな人同士が集まってトークすれば、自分のダメを対象化するきっかけにもなるでしょうし、現代社会の問題が浮き彫りにされ、すわ変革の糸口が見出せるということにもなりかねない。(8)

「トーク」自体はあからさまに政治的な営為ではない。誰でも日常的に会話をしたり、友人どうしで集まったりしている。けれども、そうした日常的な営みは、労働を中心とする通常の生活では周縁化されてしまっている。労働や学校そのほかもろもろのルーティン的な活動によって、私たちの生活は徹底的に制御されているのだ。

トークとはどんなものだろうか。たとえば、『現代思想』の特集の最後に掲載されている「平日昼間の男たちをめぐって」というトークがある。だめ連界隈で出されていた『にんげんかいほう』という同人誌の再録である。司会は、ぺぺ長谷川。これに編集部の赤井堤防、ガテマラ、神長恒一のほか、太田澄子（無職）、金子ＪＵＴＯＫ（ギタリスト）、木下忠親（連帯労組）、木村健二（映写技師）、しのぶ（アルバイト）、豊田正義（メンズリヴ東京）といった面々が参加している。

テーマは、タイトルのとおり、平日の昼間に仕事をしないでいることをどのように肯定的に捉えるかということである。とはいえ、必ずしもなにか具体的な結論を得たり、それをもとになにか行動をしたりするというのではない。その目的は、自分自身の状況を話し、他人の話を聞くことを通じて自らの置かれている社会的な状況を確認しつつ、ポジティヴに生きる方向を模索することなのだが、同時に、トークをすること自体がある種の楽しみであり、目的であるようにも見えるのだ。

ここにひとつの反転がある。「トーク」というと特別な意味があるようだが、つまりは、「おしゃべり」のことである。おしゃべりは、私たちの思考の枠組みでは通常、価値が低いものとみなされている。おしゃべりとは時間を無駄に使う他愛もないやりとりのことだ。それは、議論とは異なり、より良い答えを弁証法的に求めるものではない。伝統的な公共圏では、議論は生産的なものとして重要視されたが、おしゃべりはノイズと考えられていた。けれども、私たちは、多くの情報をおしゃべりから得ているのではないか。今日の権力は巧妙なやり方で、おしゃべりを無駄なものとして排除しようとする。とすれば、新しい公共性は騒がしいおしゃべりの中から生まれるはずだ。

これまでに何度か言及したミシェル・フーコーは、学校や工場のような日常的な場を通じて私たちの身体に浸透する権力を「規律訓練《ディシプリン》の権力」と呼んだ。規律訓練の権力は、授業や就業中に私たちが意識せずに行っているさまざまな身体的行為（イスに座る。隣の人と話をしない。黒板のほうを向く）に働きかける。「トーク」（＝おしゃべり）を生活の中心に据えることは、規律訓練の権力をやんわりと、けれども毅然として拒絶することなのだ。

この座談会にも見られる、「だめ連」の労働に対する嫌悪感は、それまでの左翼運動、とりわけ労働組合が持っていた労働至上主義に対する批判でもある。それは、アントニオ・ネグリたちが六八年の反省に立って、七〇年代の運動を作り上げていく時に提案した「労働の拒否」という概念を思わせる。同時にそれは、運動をもひとつの「労働」に回収しようという従来の生真面目な労働運動への対抗軸を作り出すことでもあった。だめ連は、運動の中に楽しさやユーモア、ある種の不真面目さを持ち込もうとしたのだ。彼らの活動は、フリーター世代が作り出す新しい政治運動の先駆的な形式となったのである。

だめ連の活動は、新しいモノ好きのメディアが積極的に取り上げ、本が何冊か出版されたり、テレビで紹介されたりしたこともあって、消費された結果、九〇年代の終わりには何となく消えてしまった。しかし、その組織化されないネットワークのあり方、啓蒙的でないボトムアップ型の議論の組み立て方は、二〇〇〇年代の政治運動や社会運動に大きな影響を与えたのである。

(1) 清野栄一「「代々木公園」とフリーパーティ」木村重樹編『サイケデリック　トランス　パーティ　ハンドブック』河出書房新社、二〇〇二年、四〇―四三頁

（2）ハーバーマス、J．『公共性の構造転換』細谷貞雄訳、未來社、一九七三年
（3）「橋本内閣が進める六つの改革──橋本総理からのメッセージ」首相官邸ホームページより
https://warp.ndl.go.jp/info:ndljp/pid/12251721/www.kantei.go.jp/jp/kaikaku/message.html
（4）上野俊哉、毛利嘉孝『実践カルチュラル・スタディーズ』ちくま新書、二〇〇二年
（5）『新宿ダンボール絵画研究』新宿区ダンボール絵画研究会編、スワンプパブリケーション、二〇〇五年
（6）『現代思想』特集「ストリート・カルチャー」一九九七年五月号、青土社
（7）同前、三三六頁
（8）同前、神長恒一「だめ連宣言」、三一四頁

第四章　ストリートを取り戻せ！――ゼロ年代の政治運動

〈帝国〉の時代

この章で扱うのは、「ストリートの思想」が明確な形をとって登場する時期である。それは、二〇〇一年九月一一日の同時多発テロから、二〇〇八年九月のリーマンショックに始まる金融危機までの時期に対応している。

二〇〇一年から二〇〇八年までは、新自由主義とグローバリズムを中心とする〈帝国〉の時代として特徴づけることができるだろう。ここでいう〈帝国〉とは、イタリアのマルクス主義思想家アントニオ・ネグリと、アメリカの比較文学者マイケル・ハートによる共著のタイトルから取られている[1]。二〇〇〇年に原著が発表され、二〇〇三年には日本語版が出されたこの大著は、「二一世紀の共産党宣言」として話題を呼び、人文書としては異例のベストセラーになった。それは、今日私たちが直面している危機を説明する理論として受け取られた。

ネグリとハートによれば、〈帝国〉とは、「グローバルな交換を有効に調整する政治的主体」であり、「この世界を統治している主権的権力」である。

伝統的に政治学では、主権は国民国家を中心に形成されていると捉えられていた。何よりも国民は、あらゆる権力のよりどころであり、国家はそうした国民の主権に支えられた唯一にして絶対的な権力だった。

けれども、八九年のベルリンの壁の崩壊と九一年のソ連の解体を機に東西対立が終わると、世界は市場経済によって一元化され、グローバリゼーションとともに、ヒト・カネ・モノ、そして情報の流通は飛躍的に加速した。多国籍企業が、グローバルな生産関係を拡大し、国民国家のおよぶ統制の範囲は相対的に小さくなった。絶対的な国民国家に代わって登場したのが〈帝国〉という権力主体である。それは、多国籍企業によって代表されるグローバルな資本主義と、それを調整するWTOなどの国際政治組織、そして、グローバルな安全保障を維持するために国境を越えて張りめぐらされた軍事的なネットワークが織りなす経済＝政治＝軍事の複合体だ。

九・一一テロは、アメリカ合衆国に対するテロであると同時に、こうした〈帝国〉的権力に対するテロとして理解することができる。もっとも、犯人グループの実態がいまだにはっきりとしない以上、実際にテロ実行犯がどのような意図を持っていたのかはわからない。けれども、その後ブッシュが多国籍軍の攻撃を「対テロ戦争」と名づけたことは、国民国家の形式がはっきりと変わったことを象徴的に示していた。

国民国家が主流の時代には、「戦争」とは何よりも国家間の戦争を指した。戦争は、お互いの利害が議論によって調整不可能な場合に限って、国家間の武力行使として現れる。各陣営の権力主体ははっきりしており、戦争は宣戦布告によって始まり、どちらかの勝利・敗北を確定する条約によって終結する。

けれども、「対テロ戦争」で、アメリカをはじめとする多国籍軍が戦ったのは、少なくとも国家ではなく、国境を越えて広がっていたとされるテロ組織である。その輪郭ははっきりせず、「戦争」は一方的に始まったので、交渉する相手さえおらず、終了することができない。それは、徹底的に不均衡で一方的な攻撃なのである。このように、九・一一テロとその後の「対テロ戦」は、戦争がもはや例外的な状況ではなく、「内戦」として常態化していること、そして、世界秩序を制御しているのが、国民国家の集合体ではなく、グローバルな産軍複合体である〈帝国〉であることを露《あら》わにしたのである。

二〇〇一年から二〇〇八年までは、〈帝国〉的な権力が新自由主義的な政策に支えられたグローバルな資本主義の拡大と手をつなぐことによって、なんとか世界を統治することができるかのように見えた時期だった。

しかし二〇〇八年になると、〈帝国〉的な権力のあり方の限界やほころびが明らかになった。サブプライムローン問題とリーマンショックに始まる景気の後退は、グローバルな規模で新自由主義が破綻したことを、明らかにしたのである。けれども、その一方で、世界経済がもはや単独の国家によって制御できるものではなくなったことも、より明白になった。

低迷する左派論壇

二一世紀初頭の日本は、小泉改革の時代である。二〇〇一年に首相となった小泉純一郎は、国民の高い支持率のもと、「官から民へ」「構造改革なくして景気回復なし」といったスローガンによって、構造改革路線を進めた。「官」の領域について政府の関与を小さくし、市場経済へ委《ゆだ》ねる新自由主義路線を推し進めた。

とりわけ、九〇年代中ごろから始まった労働市場の規制緩和は、若年層の雇用を一変させた。前章でも記したように、九〇年代に増加したフリーターや派遣社員といった不安定な雇用形態が、主要な労働形態として固定化された。二〇〇六年には「格差社会」が流行語大賞のトップテンのひとつにまでなり、年収二〇〇万円以下の労働者の数が一〇〇〇万人を超えた（国税庁調べ）。給与所得者の四・四人に一人が二〇〇万円以下ということになる。

もっとも、格差が進んだのが、とくにこの時期においてだったのかどうかは、さまざまな議論がある。本書でもすでに指摘したように、八〇年代のバブル期にもすでに二極化は進んでいたし、九〇年代の非正規労働者の増加は、所得格差の拡大をもたらしていた。ここで重要なのは二〇〇〇年代になると、こうした格差がもはや一過性のものではなく、固定的な「階級」と呼ぶべきものであること、そして、これが個人の責任ではなく構造的に生み出されていることに人々が気づき始めたということである。

けれども、それに対応する「思想」が伝統的な人文社会学の中から生まれたとは言いがたい。先に挙げた『〈帝国〉』はむしろ例外的な書籍であり、出版業界自体は構造的な不況に見舞われた。市場経済の波に飲み込まれた大学は、批判的な知識を生み出す場所ではもはやなかった。そして、二〇〇〇年代に一気に普及したインターネットが、こうした傾向に拍車をかけた。出版産業を中心とした伝統的な知識人の役割は、テレビのコメンテーターとインターネットの情報の断片の間に埋没してしまったのである。とりわけ、左派陣営の凋落《ちょうらく》は厳しいものがある。姜尚中などを除けば、左派陣営が影響力のあるオピニオン・リーダーとして取り上げられることは、二〇〇〇年代になって完全になくなってしまった。

しかし、思想状況における左派論壇の低迷にもかかわらず、二〇〇〇年代はそれまでは表立っては見えなかった若者たちの政治運動が、はっきりと活性化していく時期でもある。それは、従来の市民運動とも大学を中心とした学生運動の残滓とも異なる、新しい形の運動である。

イラク反戦運動と「ストリートの思想家」

転機となったのは二〇〇三年、イラク戦争の反対運動が起こった時である。二〇〇三年三月一九日、アメリカ合衆国を中心とする多国籍軍がイラクに侵攻する。それを受けて世界中の都市で反戦デモが巻き起こった。

東京も例外ではない。ロンドンのように一五〇万人という規模ではないにせよ、芝公園には五万人もの人が集まった。このデモの特徴は、あまり政治に関心がないと思われていた若者や女性たちが多く参加していたことだった。また、シュプレヒコールを中心とする従来の市民運動と異なって、サウンドカーが音楽を流し、それに合わせて踊る若者や、カラフルな衣装を身にまとった参加者が多かったことも、新しい時代のデモが登場したことを印象づけていた。のちに「サウンドデモ」と呼ばれる形式が一般化していくのは、ちょうどこの時期である。

イラク戦争が始まると、こうしたパフォーマンス的なデモは各地に広がり、とくに若者の街として知られる渋谷では、その年だけでも五月、七月、一〇月と引き続き行われた。ヒップホップ・ラッパーのＥＣＤやレゲエ・ミュージシャンのランキン・タ

2003年7月19日、渋谷ストリート・レイヴ=サウンドデモ（撮影：mkimpo）

クシー、アクティヴィスト／アーティストの小田マサノリ（イルコモンズ）、第三章で取り上げた清野栄一などが加わっていたこともあり、渋谷のデモにはほかの街以上に若い人が多く参加していた。

イラク戦争の反対運動を契機に広がりを見せたこのようなデモの形式は、二〇〇〇年代の運動のあり方を方向づけることになる。階級分化がはっきりと意識されるようになった二〇〇五年ごろから活発化したフリーター・非正規労働者の運動も、デモの形式においては、イラク戦争前後に形成された運動の延長線上にある。

その形式もさることながら、ここで

2003年10月5日、渋谷ストリート・レイヴ=サウンドデモ。警官にとり囲まれる（撮影：mkimpo）

重要なのはこうした政治運動と思想との関係である。二〇〇三年のイラク戦争と一九九一年の湾岸戦争の反対運動を比較してみよう。

すでに述べたように、九一年の湾岸戦争の際には、柄谷行人をはじめとする知識人たちが反対声明を出した。市民運動のレベルでも反対運動が存在していたが、知識人たちの危機意識と市民運動の間には一定のズレがあったように感じられる。九〇年代とは、伝統的な知識人が具体的な政治運動の中で力を失っていく時代だったのだ。

二〇〇三年のイラク反戦運動において、中心的な役割を果たした知識人はいない。もちろん大江健三郎を代表とする、岩波・朝日知識人と呼ばれる人たちは積極的に発言していた。こうした伝統的な知識人の影響はなくなったわけではないが、少なくとも現在の若者文化の中ではきわめて限定的である。

その代わりに登場したのが、ミュージシャンやDJ、作家やアーティスト、あるいは匿名性の高い無数の運動を組織するオーガナイザーである。こうした人々は、岩波・朝日知識人のようにマスメディアを通じてしか知ることができない有名人ではない。むしろ身のまわりのちょっとした「有名人」であり、目に見える交友関係の延長線上にいる。また、政治運動を組織《オーガナイズ》するだけではなく、同時に文化的実践者であることもその特徴だ。

こうした新しいタイプのオーガナイザーを、「伝統的な知識人」に対して「ストリートの思想家」とでも呼んでおこう。

「ストリートの思想家」は、アントニオ・グラムシが言うところの「有機的な知識人」の現代版である。(2) 有機的とはオーガニックの訳語であるが、伝統的な知識人と異なり人々の中にわけ入って、人々を組織する知識人を、グラムシはこのように呼んだ。このような知識人は、伝統的知識人のように大学にこもって研究しつつ、文章の力で人を動かすのではない。むしろ人をいろいろな形で組織することで政治を作り出す存在で、労働組合のオーガナイザーや編集者、知識産業を支える印刷工などもここには含まれる。

けれども、「知識人」では伝統的な大学人と混同されるおそれもあるため、本書ではあえて、彼ら・彼女らを「思想家」と呼びたい。そして「ストリートの思想家」と名づけるのは、彼ら・彼女たちの匿名性とその高い移動性のためである。この新しい思想家たちは変幻自在にストリートに顔を出す。神出鬼没の存在だ。二〇〇三年の反イラク戦争デモ以降の社会運動では、こうした複数の「ストリートの思想家」が重要な役割を果たしていく。

シアトルの反WTO運動

二〇〇三年のデモは、唐突に生まれたわけではない。九〇年代までのいろいろな文化や政治運動を下敷きとして、徐々に形作られてきたのだ。

これまで紹介した八〇年代から九〇年代の文化政治に加えて、二〇〇〇年代になってはっきりと目に見える形で登場した、こうした動向の源泉としては、九〇年代に進んだグローバリゼーションと、同様にグローバルな規模で広がった反グローバリゼーション運動が考えられる。

とりわけ、一九九九年に起こったシアトルのWTO会議への反対運動は、二〇〇〇年代の政治の転機を考えるうえで欠かすことができない(3)。二〇〇三年のイラク戦争もその反対運動も、二〇〇〇年前後に起きたグローバルな規模での状況の変化に対応している。

シアトルのWTO反対運動は、日本ではそれほど大きく取り上げられなかった。九五年の設立以降、先進国の新自由主義政策にのって市場のグローバル化を推進したWTOの会議をシャットダウンしようとするこの反グローバリズム運動は、次の三つの点で二〇〇〇年代を予見していた。

第一に、この運動を通じて九〇年代の日本で拡大した貧富の差が、グローバルな規模で展開した市場経済の変容の結果であり、構造的な問題であることが明確になった。

第二に、その一方で、格差をもたらすグローバリズムに対する反対運動がかつてないほど高まりを見せ、反対運動の有効性が実証されたことはこの運動の大きな成果となった。人々は自分たちの手で世の中を変えられることを実感したのである。「もうひとつの世界は可能だ」というのは、ATTAC(4)の呼びかけで開催された反グローバリズム運動の会議「世界社会フォーラム」の合言葉だが、そのことを最初に実感させるきっかけになった。

第三に、こうした運動の組織化にあたって、文化的な実践やインターネットやヴィデオなど、新しいメディアテクノロジーが有効に機能したことは、その後の運動のあり方を特徴づけることになった。

シアトルの反ＷＴＯ運動の手法は、二〇〇三年の世界的なイラク反戦運動の中でも積極的に活用されることになったのである。

プロレタリアートからマルチチュードへ

九・一一テロは、反ＷＴＯ運動とはまた違った角度から二〇〇〇年代の政治のあり方を再編することになった。九〇年代に進んだグローバリゼーションと九・一一テロとの直接的な因果関係については、今もって九・一一テロの背後関係が明確でないのではっきりとしたことは言えない。けれども、ごく一般的に言って、アメリカが九〇年代後半から進めてきた新自由主義的なグローバリゼーションの歪《ゆが》みが、ラテンアメリカや中東地域で二〇〇〇年を境に暴発したことは確かだろう。九・一一テロは、結果的にそうした歪みを象徴することになった。

もちろん、反ＷＴＯ運動と九・一一テロとはまったく異なるものだ。一貫して非暴力を掲げてきた反グローバリズムの運動と、前時代的な九・一一の無差別テロは、その思想からしても相容《あいい》れない。しかし、二〇〇〇年代の西側先進国は、グローバルな行政・治安管理という観点から、九九年のシアトルの反対運動と二〇〇一年の九・一一テロをあえて一緒くたにすることで、権力体制を再編することになった。

それは対外的には、イラク戦争に代表されるような軍事力の強化であり、国内的には治安維持を目的とした警察力の強化である。この二つは資本主義経済のグローバル化を受けて、しばしば交錯し、この章の冒頭に述べた〈帝国〉と呼ぶ新しい権力体を形成した。

『〈帝国〉』という書物は、その〈帝国〉の圧倒的な権力のみを描いたものではない。むしろ逆に、〈帝国〉的権力を構成しているものが、〈帝国〉が支配・管理している人々、ネグリとハートの言葉を用いれば「マルチチュード」にほかならないことを明らかにしつつ、それゆえに〈帝国〉そのものをマルチチュードが乗っ取る可能性を示唆した、よく言えば希望の、悪く言えば楽観的な書物なのである。

序章でも簡単に述べたように、マルチチュードという語は、「多数性」や「複数性」を示している。マルクスであれば「プロレタリアート」と呼んだ歴史の主体を「マルチチュード」と呼びなおすことで、ネグリとハートは、男性中心主義的で、フォーディズム的な工場労働者を想起させるプロレタリアートではなく、人種・民族的により多様で、女性や高齢者、子どもまで含む広範囲なポスト・フォーディズム的労働者を描こうとした。だがそれだけではない。西洋政治思想の中にいまだに根強く残っている「一なるもの」への信仰を「多数性」へ置き換えることで、まったく異なる思考法を提示しようとしたのである。

マルチチュードは、プロレタリアートのように「存在」しているのではない。「一なるもの」は、本来多様でたえず生成変化しているものを、平べったい「存在」の中に閉じ込めようとする。マルチチュードとは、そうした「一なるもの」の存在の中に複数性が宿り、たえず生成変化し、ほかと関係を結んでいこうとする動的な実践を含む名詞なのだ。

あらゆる流行語がそうであるように、マルチチュードという語は、九・一一テロ以降の世界を説明するのに使いやすかっただけに、今では少し色褪《いろあ》せてしまったかもしれない。またネグリとハートの議論を応用して、たとえば日本のフリーターがマルチチュードであるかどうかを検証することにはあまり意味がないだろう。そもそも「マルチチュード」とは、「これこれ」であるという定義からこぼれおちてしまうような運動をはらんだものなのだ。

「生権力」への対抗運動

〈帝国〉と「マルチチュード」の論理にしたがえば、九〇年代の後半に日本に広がった新自由主義的な経済体制や、オウム真理教事件をきっかけとした国内の安全性管理の強化もまた、この時代に確実に広がっていたマルチチュード的な力に対する作用として考えられる。そして、マルチチュードの思想が、「言語」外の音楽やパフォーマンスといった、身体や情動を通じて表現されていることが、対抗的な〈帝国〉の産物として重要である。ここで、「情動」という語を、（スピノザに始まりドゥルーズを経由した）ネグリとハートの用法にならい「感情」とわけて使いたい。「感情」が主として心の内面の動きを表すのに対して、情動は、他者との接触や相互作用によって身体的に触発された感情の動きを指す[5]。

ネグリとハートのキイワードに、ミシェル・フーコーから引き継いだ独特の権力概念である「生権力」がある。これは、法を通じて禁止事項を徹底させる伝統的な権力とは異なる、近代的な権力だ。

生命《ライフ》や人生を対象とする生権力は、身体に直接働きかけ、肯定し、「生かし」、結果的に人を従順にさせるような権力である。この権力には、二つの異なる軸がある。ひとつは、医療や福祉政策を通じて人口全体にマクロなレベルで働きかける。もうひとつは、学校や工場、軍隊や教会など閉じられた空間を通じて身体を「規律訓練《ディシプリン》」するような、ミクロなレベルで機能する。フーコーは、この二つの軸が交錯する点に人間の身体を位置づけ、そこに伝統的権力による支配とは異なる、より周到な身体支配のあり方を見出したのだった。

けれども、ポスト・フォーディズム的な生産においては、もはや古典的な規律訓練が機能しているわけではない。人々の身体は、たえず断片化させられ、流動的な場に追いやられる。人々は、工場や学校のように閉じられた空間で仕事をしたり、勉強をしたりしているだけではない。コミュニケーションや思考を基盤とする非物質的労働は、人々に余暇や休憩時間の間にも働き、学ぶことを要求する。二四時間体制で機能しているコミュニケーションの能力が、今や私たちの労働の源なのだから。その過程の中では余暇と労働の時間が融解してしまう。

晩年にドゥルーズが「管理社会」と呼んだ、新しい権力が社会を覆い尽くしつつあるのだ(6)。「管理社会」で重要なのは、もはや規律訓練ではなく、継続的な調整や規制であり、そこでターゲットになるのは情動である。

「ストリート」とは、断片化し、流動化した身体が移動している場所である。新しい権力に抗するには、言語によって分節化された対抗的な言説だけでは十分ではない。それ以上に具体的な直接行動や、情動に訴える身体的なパフォーマンスや音楽が、動員される必要があるのだ。

二〇〇〇年以降、若者たちに広がりつつある新しい政治文化は、九〇年代には見えにくかった対抗的な生権力の運動が前景化したものなのだ。それは、九〇年代の社会工学的な知識の上昇が覆い隠していた思想である。

同時多発的で前衛なき運動

このような運動のひとつの特徴は、それがどこから現れたのか、はっきりとわからないということである。たとえば、組合運動であれば、その参加者は組合員であり、それ以上にどこかの会社の社員だった。左翼運動であれば、多くの場合、共産党や社会党（社民党）から、より小さな党派まで、党を中心にブロックにわかれていた。ノンセクトと呼ばれる学生も何かしら自治会やサークルや、少なくとも大学に所属していた。そうした所属先は、思想的にも理論的にもひとつの枠組みを作ってきた。

今日の運動の多くは、組織や党派に属さず、会社や大学にも属していない人々が組織している。仮に所属していても、一時的な所属にすぎなかったり、場合によっては組織そのものが、一時的なものだったりする。労働市場が流動化するのと同じように、人々の帰属意識も流動化し、その帰属先も複数化しているのだ。

では、彼らはお互いのつながりがまったくないまま集まっているかというと、そうでもない。たしかに、反戦デモであれ、フリーターデモであれ、参加者の多くはどこからともなく現れてくるように見えるが、ある者はウェブやソーシャル・ネットワーク・サービス（SNS）を見て参加し、別の者は友人と一緒に参加している。そのネットワークの作られ方は多くの場合、顔の見える、比較的小さな単位のコミュニケーションに基礎を置いているのだ。高円寺や下北沢、渋谷や高田馬場などの「街」が重要な役割を果たしているのは、このためである。

そこには、全体を統率する指導者はいない。小さな単位はあるにはあるが、その中心的な存在は、先に述べたように、オーガナイザーやミュージシャン、アーティストだ。

彼らはそれぞれ勝手にふるまっているように見えても、まるで昆虫の「群れ」のように、ある程度一定の方向に向かっている。あるいは（たとえば、警察や右翼など）共通の敵が現れた時は、一致団結して闘うこともある。それは中心のない分散型の、群生的な知性のあり方なのである。(7)

「言うこと聞くよな奴らじゃないぞ」

「対抗的な生権力」と聞くと、私の頭の中を流れるのは、ラッパーのＥＣＤの「言うこと聞くよな奴らじゃないぞ」である。これは、イラク反戦運動のデモの時、二人が警察から逮捕されたことをきっかけに作られた曲だが、その後サウンドデモで幾度もかけられ、二〇〇〇年代中ごろのサウンドデモのアンセムとなった曲である。「言うこと聞くよな奴らじゃないぞ」というのは、逮捕の瞬間に誰かが叫んだセリフだという。「誰かが叫んだその声はその場面にもっともふさわしい言葉だった。僕の耳にこびりつき頭の中で繰り返し鳴り響いた(8)」。歌詞を見てみよう。

世界残酷　Ain't No Joke
ショック連続　それをふりほどく
ひっぱりあげる　倒された仲間
やっぱりポリス　ファックだ　人殺し
実力行使　直行　鉄格子
わかっちゃいるけど　路上解放区

毎度の　態度悪い　暴れん坊
ファイトのライト　種類　ただ連呼
言うこと聞くよな奴らじゃないぞ
言うこと聞くよな奴らじゃないぞ

「言うこと聞くよな奴らじゃないぞ」と叫んでいるのは誰か。ＥＣＤは、はっきりと書いていない。歌詞だけ読めば、警察がデモの参加者を罵倒《ばとう》したようにも思える。それに対して、参加者が自分たちは「言うこと聞くよな奴らじゃない」と開きなおったうえで、自らのアイデンティティをラディカルに再設定しているのかもしれない。

いや、しかしデモの現場の実感としては逆である。そもそも日本のデモの場合、デモ隊は驚くほど従順だ。なぜなら少しでも警察に逆らうと、すぐに逮捕されてしまうからだ。むしろ警察の挑発に耐えることが大変である。そこには、いっさい言語的な交渉の余地はない。「毎度の　態度悪い　暴れん坊」というのは、実際にはデモの参加者ではなく、警察官の場合が多い。「言うこと聞くよな奴らじゃないぞ」というのは、逮捕者を返してほしいという要求をけっして聞き入れない警察官のことかもしれない。しかしここでは、どちらが「正しい」かではなく、両義的に聞こえるということを指摘するのにとどめたほうがよいだろう。

フランスの政治哲学者ルイ・アルチュセールは、有名な論考「イデオロギーと国家のイデオロギー諸装置」の中で、主体がいかに「呼びかけられるか」説明するにあたって、その注釈で警官の「おい、おまえ、そこのおまえだ！」という呼びかけを例として挙げている。(9) 主体（subject）とは、臣下であり「従属するもの（subject to）」であるが、それは何よりも「呼びかけ」によって構成されるものである。国家の呼びかけに応じた者は国民になり、社会の呼びかけに応じた者は市民になる。けれども、この呼びかけは必ずしも成功するものではない。「言うこと聞くよな奴らじゃない」連中は、そうした呼びかけの臨界点として常に立ち現れるのだ。それは国家権力の呼びかけを逆手にとって、身体が対抗的な主体を作り出す具体的な例なのである。ストリートに置かれた身体のあり方は、このように両義的なのだ。

言語的公共圏の転回

言語的コミュニケーションが機能しないような権力関係の中で、対抗的な力はどのように表現されるのか。〈帝国〉的な権力は、対する相手が「言うこと聞くよな奴らじゃない」場合、端的に暴力に訴える。前述したとおり、それは国内であれば警察権力であり、国際的な関係であれば軍事力として現れる。マルチチュード的な力は、相手が「言うこと聞くよな奴らじゃない」場合、半ばやけくそに踊ったり、声を上げたり、仲間を増やすこと以外に道はない。「話せばわかる」という合意形成のモデルは、こうした絶対的な権力関係の不均衡が隠蔽されたあとに事後的に見られるものである。

先の章でも述べたが、ドイツの思想家、ハーバーマスは、徹底した討議を通じて政治的な議論が形成される場を「公共圏」と呼んだ。歴史的に見ると、一八世紀のヨーロッパのカフェやサロン、現代ではテレビや新聞などメディアがその代表的な例である。そこでは、地位や立場にかかわりなく誰もが自由に発言することができ、対等なディスカッションを通じて合意形成がなされる。それは、国家のような公的領域と企業や家庭のような私的領域の中間に属する領域である。公共圏は、選挙と議会を中心とする間接民主主義を補完するものであり、近代民主主義にとって絶対的に必要な条件であるとハーバーマスは考えた。

けれども、今日こうした「公共圏」は徹底的に切り詰められている。かつて「公共」と呼ばれた民主的な領域は国家に回収されるか、資本によって私有化されてしまっている。

「ストリート」も例外ではない。私自身が子どもの時でさえ、道路は人や自動車の移動の空間であると同時に、コミュニケーションの場だった。道端で人々が話し込む姿は珍しくなかったし、自動車が来ない時は、ドッジボールや縄跳びなどの遊び場として使われた。夜になると屋台が現れ、そこは会社で疲れたサラリーマンが立ち寄る憩《いこ》いの場になった。政治的な紛争があると、デモが起こり、人々は自分たちの言論の場、メディアとして道路を利用した。

高度経済成長とともにモータリゼーションが始まり、道路は次々と整備され、ストリートからは公共性が失われてしまった。道路は国家が管理する、自動車の通行の場になってしまった。レイモンド・ウィリアムズがかつて述べたように、自動車とは、公的なストリートを移動する個室へと変えてしまう装置である。車の内部は、窓によって外部と切り離されている。自動車は、単なる乗り物ではなく、ガソリンスタンドから保険業、そして土木建築業など、巨大な産業システムの中心にあるという意味で、現代の資本主義制度の象徴なのだ。

イギリスに始まり、九〇年代を通じて広がった文化社会運動に「ストリートを取り返せ《リクレイム・ザ・ストリーツ》（RTS）」というのがある。これは、もともと高速道路建設に反対して、建設予定の道路を占拠し、レイヴパーティやカフェを開くことで抵抗しようとした運動だったが、そのうちにロンドンなどの大都市の都市空間を一時的に占拠し、巨大なストリートパーティを開催するという大がかりなパーティ文化へと拡大した。

「ストリートを取り返せ《リクレイム・ザ・ストリーツ》」のスローガンが意味するところは、やはり現在ストリートで切り詰められている「公共性」を、ダンスや音楽など身体的な身振りによって取り戻そうということだろう。ダンスや音楽は、「言うこと聞くよな奴らじゃない」連中が、同じように「言うこと聞くよな奴らじゃない」官僚制度や警察的な管理に対抗する手段だったのである。

起源としてのパンク／ニューウェイヴ

ところで、話は少し脇道に逸《そ》れるが、「言うこと聞くよな奴らじゃないぞ」を作った経緯が書かれている『いるべき場所』は、六〇年生まれの、日本のラッパーとしてはベテラン的存在のＥＣＤが自らの個人史を綴った一種の自伝的書物である。八〇年代の中ごろにヒップホップに出会ってから、日本のヒップホップのパイオニアとして「さんピンＣＡＭＰ」という伝説のイヴェントを組織した話や、アルコール依存症になったりといったくだりもおもしろいのだが、個人的に興味深かったのは、彼が七〇年代から八〇年代にかけて、どのような音楽や文化の経験をしたのかというところである。

それは本書が「ストリートの思想」として扱っている、七〇年代末の日本のパンクシーンから始まる文化的な経験にぴったりとあてはまる。

七〇年代末、ヒップホップに出会う以前のECDは、まだ本名の石田義則を名乗っており、パンク～ニューウェイヴ文化の影響を受けた演劇青年だった。石田はその後ECDと名前を変え、八〇年代末には日本のヒップホップシーンのひとつの流れを作ることになるが、この時期はおそらく似たような青年たちがシーンのまわりにたくさんいた。

ここで強調したいのは、ECDに代表される初期の日本のヒップホップが、しばしばマスメディアで誤解されているように、単なるブロンクスの黒人文化のファッショナブルな輸入でも、六〇年代や七〇年代のソウルやディスコミュージックの延長にあったのでもなく、七〇年代末の日本のパンキッシュなインデペンデント文化の発展形であったということである。

ECDは、ヒップホップに見られるアフリカ系アメリカ人の人種的なアイデンティティ・ポリティックスの文化以上に、七〇年代末のインディーズシーンが持っていた反資本主義的でD.i.Y.的な政治性を受け継いでいる。それは、時代とシーンを「横断」することで形成されたのである。彼は二〇〇三年にイラク戦争の反対デモに参加したあたりから、メジャーのレコード会社を離れ、よりインデペンデントな活動へと軸を移していく。

ＥＣＤの軌跡は、今日の「ストリートの思想」がどのように形成されてきたかを示すひとつの例として読むことができるのである。

ネットとストリートの器用仕事人

ＥＣＤと並んで二〇〇〇年代の「ストリートの思想家」として重要なのは、小田マサノリである。小田マサノリは、イルコモンズという名義でアクティヴィストとして活動するほか、「なりそこないの文化人類学者」「元現代美術家」を自称している。先に紹介したイラク戦争の反対運動の際には、美術評論家の椹木野衣たちと一緒に「殺すな」という反戦運動を組織した。その後も多くのデモに参加するとともに、自ら運動を組織し、二〇〇〇年代のパフォーマンス的な政治運動のひとつの形を作ってきた。

パフォーマティヴなデモもさることながら、小田マサノリを特別な存在にしているのは、そのメディアの使い方である。デモや集会、シンポジウムや反対運動があるたびに、小田マサノリは、いろいろな映像をサンプリングして、時にユーモラスで、時に痛烈な批判精神溢れる映像作品を作り、ＹｏｕＴｕｂｅなどインターネットにアッ

小田マサノリ（イルコモンズ）。2003年、イラク反戦のサウンドデモにて（撮影：シャロン・ハヤシ）

プしてきた。また世界中で起きているいろいろな運動の形式や手法をいち早く映像で紹介してきた。こうした活動に加えて「イルコモンズ・トラベリング・アカデミー」などの名称で、さまざまな場所で出張講義を定期的に行っている。

とはいえ、小田マサノリの活動は、既存のメディアであるテレビや新聞、雑誌を中心に情報を得ている人には見えにくい。小田マサノリ／イルコモンズ名義で、エッセイとも論文ともつかない対話型の文章を書くことはあるけれども、活字媒体ではほとんどその名前を見つけることができないからだ。けれども、反戦運動やフリーター運動など、最近の若者の文化政治運動に少しでも関心のある人であれば、誰でも彼を知っているし、彼が今どこで何をやっているかも、日々更新されるそのブログを通じて知っている。

小田マサノリも、ＥＣＤと同様に新しい時代の「ストリートの思想家」と言っていいだろう。とはいえ、ここでいう「ストリート」は、単に在野という意味でも「路上」という意味でもない。むしろ、社会がデジタル化され電子化され、ますます非物質的な領域に侵食されていることを意識しつつも、その情報の「流れ」や「道筋」を取り返していく思想家なのである。小田マサノリにとってはインターネットの空間もまたひとつのストリートなのだ。

活動の中でもっとも重要なのは、ブログを通じた継続的な情報の発信である。多いときは一日に何度も書き加えられるそのブログは、日本の政治運動の中で何がトピックになっているかをいち早く紹介する。デジタル時代、ネット時代のアクティヴィズムのあり方を提案していると言っていい。

小田／イルコモンズのブログが興味深いのは、その大部分がネットの中にすでに散らばっているさまざまな情報のコラージュや引用で成立していることである。それは、必ずしも珍しい情報ではなく、ウィキペディアやＹｏｕＴｕｂｅに掲載されている、その気になればすぐに探せる一般的な情報である。あるいは、自分自身が書いた文章もまたしばしば再引用されている。

こうした手つきは、文化人類学者が発見した「器用仕事人《ブリコルール》」を思わせる。器用仕事人は、無から何かを作り出す存在ではない。手元にあるものを組み合わせて、無限のヴァリエーションを作り出す職人なのだ。小田マサノリの作業は、手元のカードを並べ替えることで、たえず異なる意味を異なる文脈で生産し続ける、ポストモダン的な時代に対応した作家の作業なのである。

文化人類学へのポストモダン的問い

小田マサノリが文化人類学者としてそのキャリアを始め、今でも「なりそこないの文化人類学者」を自称していることを想起しておくべきだろう。九〇年代半ばまで、小田マサノリは、小田昌教の本名でアフリカ、ケニアをフィールドとする文化人類学者だった[10]。

九〇年代は、文化人類学全体が一種の認識論的展開を迫られる時期だった。これは、第二章で紹介した文化研究やポストコロニアル理論、あるいはフーコー的な権力論が文化人類学の内部でも議論される時期に対応している。とりわけ、人文学の中で「(異)文化」を特権的に扱ってきた文化人類学がそもそも持っている植民地主義的な傾向が問われたのである[11]。

それは、端的にエドワード・サイードが『オリエンタリズム』の中で提起した知識=権力の不均衡の問題である。それは対象にまなざしを向け、知識を生産する側としての「西洋」と、一方的に受動的な対象として扱われ、結果的に従属的な対象に追いやられてしまう「非西洋」との間の権力の不均衡であるが、問題はそこにとどまらない。それは、むしろ「フィールド」の定義そのものの再考を要求したのだ。

文化人類学や社会学の調査の方法論に「フィールドワーク」というのがある。調査者は「フィールド」へ出向き、時にそのフィールドの「情報提供者（インフォーマント）」と呼ばれる住人と生活をともにしながら、インタヴューなどを行い、その生活様式を記述する。伝統的な文化人類学や社会学において調査者は、「神のような」超越的な視点を持つ「外部者」であり、客観的にフィールドを記述しているとされた。

けれども、一度でも実際にフィールドワークを行った者なら誰でも知っているように、調査者がフィールドの外部の客観的存在である限り、フィールドワークはけっして成功しない。調査をされる対象は、そうした外部者に心を開くことはないだろうし、そもそも調査に協力する理由もない。単に迷惑な存在にすぎない。

したがって、多くのフィールドワーカーは、そのフィールドと多かれ少なかれ積極的にかかわることになる。電化製品が普及していなかったり、教育制度が整備されていなかったりする場合には、調査者がおみやげとして電化製品や文房具を持ち込むこともあるだろう。場合によってはフィールドの住人を調査者の住む場所へ招待することもあるかもしれないし、彼らの留学をアレンジしたり、養子縁組や結婚をしたりする人もいるかもしれない。調査者がそのまま住みつくこともよくある話だ。知識は調査者だけによって生産されるのではなく、何よりもインフォーマントによって生産される。場合によっては、書かれた論文をインフォーマントに読まれることも想定しなければいけない。さらに言えば、インフォーマントは、調査者をからかって嘘をつくかもしれない。

文化人類学のポストコロニアル的な、あるいはポストモダン的な状況とは、こうしたことを読み込んだうえで、民族誌的な記述はどのようにして可能なのかという問いが浮上したことだったのである。そこでは調査者とフィールドとの再帰性――調査者は、フィールドを不動のものとして扱うことができないばかりか、たえずフィールドを変容させる行為者でもあるという問題――をどのように捉えるかということが決定的に重要になったのだ。

もちろん、この文化人類学のポストモダン的な問いに対する普遍的な答えは存在しない。フィールドは均質ではなく、すべて固有の問題をはらんでいるから、それぞれのフィールドに対応して回答を出していくほかはない。

文化人類学者の小田昌教が、こうした問いに九〇年代に真摯《しんし》に向かい合ったのは、まちがいがない。そして、それに対する回答が、フィールドを東京に移しつつアクティヴィストになるという選択だったのだ。

「なりそこないの文化人類学者」の試み

このように考えると、小田マサノリ／イルコモンズの、メディアの器用仕事人《ブリコルール》としてのこだわりの理由も見えてくる。

よく知られているとおり、録音や写真、映画のような複製技術がいち早く取り入れられたのは、「未開の地」で撮影された文化人類学的なドキュメンタリー作品においてだった。たとえば、ロバート・フラハティは、ドキュメンタリー映画の父と呼ばれるパイオニア的な存在だったが、彼の名前を一躍有名にしたのは、イヌイットのナヌーク家のようすを一年間かけて撮影した『極北のナヌーク』（一九二二年）だった。

この『極北のナヌーク』は、ドキュメンタリーという体裁をとってはいるが、実際のところ未開のイヌイットを「演じさせて」、現実には行われていない文化生活を演出したうえで撮影したものだったので、のちに批判を浴びることになる。それは、西洋／非西洋、文化人類学者／インフォーマント、文明／野蛮という区分を映像によって作り出そうとする試みだったのである。

けれどもこの作品が例外だったわけではない。三〇年代以降の文化人類学は積極的に映像を用いるようになり、映像人類学という領域が生まれる。けれども、より「科学的」であることを標榜《ひょうぼう》していた映像人類学にしても、どこかで同様の問題を構造的にはらんでいた。

小田マサノリ／イルコモンズの「文化人類学解放講座」というレクチャーシリーズでは、その冒頭に「リクレイム・ジ・アンソロポロジクス（人類学を取り戻せ、とでも訳すべきか）」と題された映像が用いられている。小田マサノリ自身の手になるこの六分強の映像は、エドワード・カーティスとゾラ・ニール・ハーストン、そしてマヤ・デーレンという、何らかの形で文化人類学にかかわりがあるものの、人類学者にはならずに表現者になった三人の映像をサンプリングし、リミックスしたものである。映像はどれも著作権が切れているものだ。ＭＴＶの映像のように編集された映像には、ザ・スカタライツ「フリーダム・サウンズ」が音楽としてつけられている。

こうした映像は、文化人類学がはらんでいた植民地主義的な編成を批判的に捉えながら、それを解きほぐし、新しい未来の「人間学」として人類学を構想しようという試みである。つまり文化人類学を既存のアカデミズムの枠組みから解放し、より自由で創造的な文化実践へ変容させようという試みなのである。

このように考えると、小田マサノリは、文化人類学者からアクティヴィストに転向したのではなく、オルタナティヴな、けれどもより未来に開かれた文化人類学者になるためにアクティヴィストになったと言うべきなのだ。それは、フィールドを日常生活の中に移し、政治的な実践という形でフィールドワークを行う新しい人類学者の姿である。

ここには、日常性と知的な営みの革命的な反転がある。伝統的な人類学であれば、日常とは、ホームであり、生活であり、研究の時間や場とは切り離されていた。それに対してフィールドとは、常に外側にある特別な場所であり、調査・研究の時間、非日常な時間が流れている場所だった。けれども、もし日常がフィールドになり、特別なものになったとすると、その時私たちが漫然と過ごしている日常は、祝祭的で発見に溢れる場所に変わるのではないか。小田マサノリ／イルコモンズの試みは、ここにかけられているのである。

振り返ってみれば、こうしたフィールド概念の認識論的転回は文化人類学者のみが直面している問題ではない。現代では「未開の地」など存在しないように、都市においても新しい出来事が起こる余地はもはや存在しない。九〇年代の半ばに宮台真司は、それを「終わりなき日常」と呼び、「まったりと生きること」を若者たちに呼びかけた。一見すると、文化人類学のポストモダン的な状況と同じ認識を共有しているように感じられるかもしれない。

けれども、宮台と小田マサノリでは「フィールド」の意味はまったく異なっている。宮台は、九〇年代半ばにブルセラ少女の「フィールドワーカー」として登場した。その手つきは、伝統的な社会学者・文化人類学者のものであり、そこには八〇年代以降のフィールドの概念の転回は組み込まれていない。フィールドは固定された実体でしかなく、宮台自身は客観的で外在的な存在でしかない。そこには、調査者／インフォーマントの関係性も「フィールド」そのものの変化も想定されていない。

その一方で、小田マサノリのフィールドは組み換え可能なものとして存在している。けれども、変化は、かつてのマルクス主義者が描いたような、外部や未来から到来する「革命」として表れるものではなく、いま目の前にある出来事を器用仕事人《ブリコルール》として組み換えることによって表れる。小田マサノリ／イルコモンズが雑誌『オルタ』に連載しているエッセイのタイトルではないが、「もうひとつの世界はいつでもとっくに可能」なのである。

小田マサノリを「ストリートの思想家」だと言う時、それは、彼がストリートをフィールドとして選んでいるということにほかならない。通常、フィールドは囲われた面で捉えられるのに対し、ストリートは線で示される。そこにはとどまるべき場所はなく、常に移動が要請される。ストリートとは、家を持たない人《ホームレス》のものである。だが、かつてニーチェが述べたように、近代人とはすべからく故郷喪失者《ホームレス》である。フィールドワーカーとは、ホームレスという例外状態を自らの常態として引き受ける存在を指すのだ。

祝祭から再び日常へ

二〇〇〇年代にはイラク反戦運動を契機とし、文化的な実践をベースにした社会運動が増えてきているが、その祝祭性だけを見ていると、変化の本質を見失うことになる。こうした運動の多くは、何かに対する反対運動、「リアクション」という形で勃発する。けれどもその限りにおいては、常により大きな政治や経済、社会の情勢に服従してしまう。よりひどい状況が生まれれば生まれるほど運動が盛り上がるということは、裏を返せば運動を盛り上げるためには状況が悪化することを期待するほかはない、というジレンマに陥ってしまうのだ。その結果、皮肉なことに、より大きな問題――戦争や不況などの大局的な政治・経済――に、社会運動自体が依存してしまうことになる。

もっともマルクス主義的な弁証法の中には、矛盾が激化すればするほど次の解決策が生まれる、という認識が潜んでいる。そもそもマルクスは資本主義を単に否定するのではなく、資本主義を高度化させ矛盾を激化させることを革命への積極的な要因と捉えていたはずだ。

けれども近代の歴史の教訓は、矛盾の激化から生まれる新しい段階は、必ずしも何らかの解決ではなく、しばしばより残虐な政治を生み出すということである。八〇年代から九〇年代までに、旧社会主義国家が次々と崩壊した。かつて「革命」と名づけられたものの辿った末路を見れば、「革命」の多くが幻想にすぎなかったことがわかる。「革命」に対して過剰に期待してはいけない。

その一方で、反対運動に対して、すぐに安易な代替案の提出を要求する主流の政治の思考法にも注意を払わなければならない。代替案を求める議論では多くの場合、あらかじめ議論自体の枠組みが設定されている。根本的な問題は議論されることはなく、すべては選択肢の問題へと還元される。

九〇年代を通じて広がった政治のスペクタクル化、ワイドショー化はこの傾向に拍車をかけた。「郵政民営化、賛成か反対か」にせよ「自民党か民主党か」にせよ、多くの人たちの本意は「どちらでもない／どちらでもいい」なのだが、選挙などの政治装置を通じて、どちらかひとつが選択されることによって、あたかも国民が何かを積極的に選び取ったような演出がなされていく。

こうした二項対立の疑似的な政治から逃れる方法は、安易な問題設定から逃れて、自律した政治の空間を先に作り、そこでさまざまな政治的事象について語り始めることである。二項対立から逃れそれに先んずること、それが「ストリートの思想」の可能性なのだ。

「素人の乱」と日常的な実践

ここで高円寺の「素人の乱」を中心とした運動を紹介しよう。「素人の乱」は、松本哉《はじめ》を中心にしたリサイクルショップの名前である。二〇〇五年に高円寺の北中通り商店街の空店舗を借りて作った第一号店を出発点に、松本とその友人たちは店舗を拡大し、リサイクルショップだけではなく、古着店やカフェなど店の種類を多様化させていった。二〇〇九年になると、「素人の乱」は一四号店にまで増えている。

その中のいくつかはすでに閉店したり、店名を変えたりしているので、一四店すべてが現在も存続しているわけではない。それでも多くは活発に活動しており、この数年の高円寺駅北口の風景を変えつつある。

2006年3月18日、「素人の乱」による電気用品安全法（PSE法）反対デモ（撮影：mkimpo）

「素人の乱」にかかわっているのは、一九七四年生まれの松本と同世代の、三〇代前半から二〇代までの若者たちである。その多くは九〇年代に学生時代を過ごしたフリーター世代だ。フリーターや派遣社員として大企業にこき使われることを拒否して、自活の道を模索した連中である。

「素人の乱」を有名にしたのは、松本が中心となって組織する荒唐無稽なデモ活動である。たとえば、二〇〇五年には放置自転車の撤去に反対して「オレの自転車を返せ」をスローガンとしたデモを組織し、二〇〇人以上を集めて、DJやパンクバンドの乗ったサウンドカーと一緒に高円寺の街を練り歩いた。それは、その冗談とも本気ともつかないメッセージの効果もあって、政治デモというより、一種の祝祭的な雰囲気を生み出した。

この祝祭性はその後、二〇〇六年の「家賃をタダにしろデモ」に引き継がれる。サウンドカーを先頭にし、多種多様な格好をした若者たちが、思い思いのプラカードやバナーを掲げて踊っているようすは、現代版「ええじゃないか」を思わせた。

二〇〇七年には「素人の乱」の中心的な存在である松本が杉並区区議選に立候補して、選挙期間中、高円寺駅前一帯を一種のお祭り空間に変えてしまった。伝統的で生真面目な政治デモとはまったく違う、この新しい政治デモやパーティは、今では高円寺を代表する文化のひとつとなっている。

派手なパフォーマンスが目立っている「素人の乱」だが、そうしたお祭り的なデモ以上に興味深いのは、彼らが日常的に行っているリサイクルショップ店の活動である。この運動が、従来の若者たちの左翼運動と一線を画すのは、高円寺という場所を中心に日常的なコミュニティを形成している点である。これほど地元の商店街に根ざした運動はかつてなかったのではないか。リサイクルショップや古着店、カフェを中心に日常的に人々が集まる空間がある。また毎日午後一〇時から（当時）はインターネットラジオ放送を行って、独自のコミュニケーションネットワークを形成している。それは、何よりも自律した空間の創出であり、お金をかけずに自らのライフスタイルを生み出そうという具体的な活動なのである。

日常を祝祭空間に変える

その強烈なキャラクターもあって、松本哉が代表者として頻繁にメディアに登場することが多いが、必ずしも彼は全体を組織したり、指導したりしているわけではない。むしろ台風の目のような存在であって、同じように多くの個性的な連中に支えられている。

たとえば「素人の乱」の一店舗である、「シランプリ」という店名の古着店店長である山下陽光《ひかる》が、不定期で企画しているイヴェントに「場所っプ」というのがある。これは、一時的なストリートの占拠である。たとえば高円寺の路上でケンタッキーとマクドナルドの間に何月何日何時集合、というように、まず場所と時間を決めて、その情報をインターネットや携帯電話で流す。食べ物や飲み物は、みんなの持ち寄りだ。その情報を受け取った人が、指定された場所と時間に集まって、路上で宴会をするというものである。

もちろん地べたに座って、あるいは立ったままで食べたり飲んだりするしかない。

「場所っプ」という言い方自体に、一種の皮肉が感じられる。路上という何も売っていない場をいわばショップに見立てて、仮想の店を一時的に作ってしまおうというわけである。

この「場所っプ」の目的のひとつは、わざわざお金を払って高いレストランや居酒屋に行かなくても、もっと安くて自由に飲む方法はいくらでもあることを発見することだ。持ち寄りなので、それぞれ自分の懐具合に合わせて参加することができる。その意味では、民主的な互助ネットワークの試みとも言える。

とはいえ、ただそれだけなら誰かの家に集まって飲めばいいだけのことかもしれない。路上でこうした企画をすることには別の意味があるだろう。私自身実際に参加して感じたのは、いったんこうした形でみんなで飲み始めると、見慣れた風景がまったく違ったように見えてくるということだ。

最初は、固まってワイワイやっていると通行人にじろじろと見られるので、その視線が気になる。けれども、不思議なことに、路上で話をしていると都市全体を自分が掌握しているような奇妙な解放感が得られるのである。それは、商業施設でがんじがらめになっている都市の隙間を発見するということ、もっと言えば、都市の中で新しい生き方を発見することに通じているのかもしれない。それは、都市空間を「斜め

RLLのオリジナルTシャツ

下」から見上げるような、別の視点を確保することなのだ。

お笑いへの感性

「素人の乱」の周辺には、ラジカル・レフト・ラフター（RLL）という文化＝政治実践ユニットもある。ユニットといっても大きな組織ではなく、ラジカルこと「インテリパンク」、レフトこと「∞＋∞＝∞」、ラフターこと「ハーポ部長」という三人がそのメンバーである。もちろんそれぞれ本名があり、みな別の仕事を持っているのだが、この活動では主にニックネームを用いているので、ここではそちらを積極的に使いたい。その匿名性や集団性もまた、二〇〇〇年代に登場した「ストリートの思想」

2006年９月16日、「素人の乱」らによる「家賃をタダにしろ！中野→高円寺一揆」（撮影：mkimpo）

のあり方を体現している。

　ＲＬＬの主たる活動は、「着る思想」をコンセプトとしたオリジナルＴシャツのデザインや、「素人の乱」のインターネットラジオのパーソナリティなどだ。ＲＬＬのメンバーは、それぞれ単独でデモや集会を組織したり、Ｔシャツを作ったり、フライヤーをデザインしたりと、さまざまな活動にかかわっている。ある種のネットワーク型の活動と言っていい。

　ＲＬＬがおもしろいのは、既存の「左翼《レフト》」的な感性になんとか「おしゃれ《ラジカル》」と「お笑い《ラフター》」を取り入れようとしているところだ。前ページに掲載したTシャツを見てもらえばわかるのだが、思想家や政治活動家、重要な政治テーマをうまくパロディ化してファッションアイテムへと変えている。文字どおり、左翼政治のポップ化、ストリート化である。

彼らの活動は伝統的な左翼からは、あまりにも享楽主義的で不真面目に見えるかもしれない。RLLに限らず、「素人の乱」の周辺の運動には、独特の笑いのセンスがあり、彼らはギャグや笑いに一種強迫観念的に取りつかれているように感じられる。

しかし、よくその行動を見なおすと、たとえばリサイクルショップの経営ひとつとっても、二極化する社会の中でなんとかサバイバルするためのひとつの方策でもあり、それは新たなライフスタイルの提案でもある。「自転車を返せ」「家賃をタダに」「クリスマス粉砕」といったメッセージの背後には、資本主義や警察、国家権力に対する批判を見ることができる。

「素人の乱」の運動が新しいのは、そうした政治的メッセージを直接発するほどナイーヴではなく、それを祝祭的な空間と黒い笑いに包んで同世代の間でなんとか共有しようとしているところだ。それは、過剰に道徳的になってしまった既存の左翼が失ってしまったおもしろさを取り返す試みである。

こうした若い世代の多くはマルクスも知らないし、全共闘運動にも過去の左翼運動にもほとんど興味がない。大学の外の活動が主なので、既存の左翼党派との関係やしがらみもほとんどない。伝統的な左翼はいらだつかもしれないが、実のところこれこそが、彼らの最大の長所である。既存の左翼は、彼らを結局その文脈に取り込むことはできないだろう。けれども逆に、これは、エンジンのかからなくなった「左翼的なもの」をオーヴァーホールする絶好の機会である。

イギリスで始まり世界中に広がった反自動車運動であるＲＴＳは、九〇年代に自動車と資本主義によって占拠された道路を音楽とダンスによって取り返そうとしたが、その言い方にならえば二〇〇〇年代とはストリートが「左翼を取り返す」時代だったのである。

SAVE the 下北沢

ここで、「ストリートの思想」に別の視点を導入するために、下北沢の市民運動を紹介しておこう。

下北沢にとって転機になったのは、小田急線地下化にともなって、下北沢の駅前にロータリーを作り、駅前に高層ビルを作るという再開発計画が、二〇〇二年に世田谷区の「街づくりの基本計画案」という形で発表されたことである。

よく知られるとおり、渋谷からの井の頭線と新宿からの小田急線が交差する下北沢は戦後、若者文化の街として発展してきた。七〇年代になるとライヴハウスが増え、七九年に「下北沢音楽祭」が開催されると、若者文化の街というイメージは定着する。多くの小劇場や映画館、飲食店、喫茶店、バーなどが、狭い路地に立ち並び、独特の雰囲気を醸し出してきた。

下北沢が特徴的なのは、渋谷や原宿、六本木と異なり、単なる消費の場ではなく、生活の場でもあることである。都心でもなく郊外でもない絶好の場所に位置していた下北沢には、多くの若者が住み着き、その中にはミュージシャンや演劇人たちもいた。文化を作り出す人々にとっても生活の場だったのだ。

下北沢の再開発計画には、駅前の商店街や店舗が対象として含まれており、計画が実行に移されると、多くの店舗が立ち退《の》かざるをえない。さらに、駅前にバス用の大きなロータリーが作られ、自動車が自由に乗り入れるようになると、それまで自動車が入りにくいことで保たれていた駅前の雑然とした雰囲気が変わってしまうことは明白だった。

そのような状況のもとで、二〇〇三年ごろから、下北沢の再開発反対運動が本格化していった。中でも精力的に動いた団体のひとつが、「SAVE the 下北沢」である。

SAVE the 下北沢は、積極的にミーティングやシンポジウム、イヴェントを開催したり、都市計画や建築の専門家を巻き込みながら、二〇〇五年には、市民の意見をより反映した代替案を発表したりした。また下北沢の街をもっと知るための街歩きや勉強会なども組織した。

こうした反対運動の盛り上がりにもかかわらず、残念ながら二〇〇六年に世田谷区は再開発の決定を出してしまった。幸いなことに工事はまだ着工されていないが、予断を許さない状態である。

街を防衛する

下北沢の再開発反対運動は、二〇〇〇年代の「ストリートの思想」を考えるうえできわめて重要である。

こうした反対運動は、「そもそも街とは誰のものなのか」という問題も提起した。反対運動に参加した人の多くは下北沢を生活の基盤にしている人たちだったが、賃貸で店舗や住宅を借りている人も少なくなかった。逆に大家《おおや》は下北沢に居住していない例もしばしば見られた。ところが、街の再開発の大きな方針は、行政と土地建物の所有者の間でのみ決定された。結果として、下北沢に生活の基盤のある人（賃貸住宅に住んでいる若者たちや賃貸物件でビジネスを行っている飲食店やライヴハウス、バーやカフェ、ファッション専門店、雑貨店の経営者）の多くが、街の再開発をめぐる議論から排除されていたのである。

さらにこの反対運動が重要なのは、単に決定事項に反対する政治運動だっただけではなく、同時に下北沢の文化をあらためて再考する文化運動でもあったからだ。再開発計画に反対する人々は、ライヴを企画したり、トークイヴェントをしたりしながら、それぞれ自分たちのやり方で反対運動を行った。

たとえば、二〇〇七年と〇八年に開催されたSHIMOKITA VOICEはその代表的な運動である。これは、反対運動であると同時に、シンポジウムとライヴ、展覧会などを有機的に組み合わせた一種のフェスティヴァルである。

二〇〇七年には、下北沢を代表する劇場であり、再開発のために建て直しを迫られているザ・スズナリの主催で、下北沢で活動してきた演劇人がシンポジウムを行った。シンポジウムの参加者には、渡辺えり子、柄本明、ケラリーノ・サンドロヴィッチ、坂手洋二、宮沢章夫、流山児祥《りゅうざんじしょう》といったそうそうたるメンバーがそろった。またザ・スズナリでは、曽我部恵一やあがた森魚《もりお》のライヴ、青山真治の映画『路地へ　中上健次の残したフィルム』上映、荒木経惟《のぶよし》の写真展なども開催された。二〇〇八年になると、地元商業者のグループである下北沢商業者協議会が中心となって、前年同様にシンポジウムやライヴ、展覧会が開催された。どちらも会期中に一〇〇〇人以上が集まり、下北沢という街が文化にとってどれほど重要な役割を果たしてきたのかを再確認させることになった。

こうしたイヴェントだけではない。ミュージシャンの曽我部恵一は、開発反対の立場から積極的に発言し、二〇〇五年には下北沢限定発売で『sketch of shimokitazawa』という下北沢へのオマージュアルバムを作った。曽我部のようなミュージシャン以外にも、SAVE the 下北沢に賛同するアーティスト、黒田征太郎、浦沢直樹、リリー・フランキーたちがオリジナルデザインのTシャツを作成し、反対キャンペーンに参加した。

下北沢の再開発反対運動は、単なる住民の反対運動であることを超えて、住民のみならず下北沢を生活の基盤にしている人たち、そして下北沢で遊んでいる若者たちを結びつけ、新しい街の文化を生み出していった。この運動は、ここに挙げた文化人によって担われただけではなく、下北沢に住み、遊んでいた若者たちによって支えられたのである。それは、街の歴史や文化、行政の仕組みや問題点を議論する絶好の機会であると同時に、若者を中心とする住民運動という新しい運動のあり方を示した。下北沢の反対運動は、再開発の議論から排除されてきた文化の担い手たちが声を取り戻す運動だったのだ。

「ストリート」を支える情報インフラ

序章で述べたように、「ストリートの思想」とは「線」の思想である。「線」の思想は「点」の思想に対抗している。「点」の思想とは、自宅や大学のキャンパス、図書館のように、区切られた面や空間から生まれる思想であり、一貫性や集積をその原理としている。

「線」の思想は、「点」をつなぐ「横断」の空間から生まれる。それは断片的であり、一過性の思想だ。言語によって蓄積されていくものではない。記述すれば失われてしまうような生きた思考のあり方である。「線」の思想は、集団的な知性である。それは、誰か特定の人の名前に還元できるものではない。たしかにそこにかかわっている人の名前を、ＥＣＤや小田マサノリ、松本哉や山下陽光というふうに挙げることもできるが、彼らはたえずお互いに関係し合っている。思想とは、常に関係性から生まれるものだ。そして、その関係性こそが「ストリート」の別名なのである。

それは音楽のバンドやユニットのようなものかもしれない。ビートルズが、けっしてジョン・レノン、ポール・マッカートニー、リンゴ・スター、ジョージ・ハリソンの単なる総和ではないように、たとえば高円寺の「ストリートの思想」はそこにかかわる人々の総和以上のものである。この集合性と匿名性が「ストリートの思想」を独特なものにしている。

ところで、二〇〇〇年代とは、こうした集合的な知性を可能にしたインフラが形成された時期である。とくにインターネットは二〇〇〇年代の文化形成に重要な役割を果たした。二〇〇〇年代になって急速に広がったブロードバンドは、人々の情報摂取のあり方を激変させた。インターネットが登場した時には、情報富者と情報貧者の格差の拡大が懸念されたが、コンピュータの低価格化とブロードバンドの普及によって、インターネットはむしろ先進国においては経済的に恵まれない人にとっても安価な情報インフラとなった。

インターネットは、知識人や専門家のあり方も変容させた。インターネット以前では、情報や知識の経路が限られ、専門家とはなによりも情報や知識の流通を独占的に把握している人を指していた。たとえば、音楽の専門家は、特権的に音源やミュージシャンに関する情報を占有している人を指したが、今ではほとんどの音源がインターネットで入手できる。ミュージシャンについても驚くほど詳細な情報がネット上に溢れている。ほとんどの知識は共有され、情報を持っているだけで専門家を名乗ることはできない。誰もがその気になれば専門的な知識を効率的に入手することができるのだ。プロとアマの間の壁が限りなく低くなり、情報の占有のみで特権を享受してきた専門家はもはや生き残ることができない。

このことは、二つの知識のあり方を生み出している。ひとつは、インターネット上の百科事典であるウィキペディアに代表されるような、匿名性の高い集合的知識である。

歴史的に百科事典は、一八世紀のルソーやヴォルテールのような啓蒙思想家とともに始まった。近代的知性を特徴づけるこの啓蒙のプロジェクトは、すべての人々が共有できる知識を供給することを目的とし、のちのフランス革命にも影響を与えたとされる。それは、人々に知識を与えることで、前近代的な権力から解放し、自律した近代的個人を形成することに寄与したのである。

ウィキペディアは、匿名性の高い無数の参加者のボランティア的な意識によって日々更新されている百科事典である。それは、ボトムアップ型の知識の構築であり、「啓蒙」というトップダウン型の知識の流通とは対極的なものだ。

ウィキペディアは、その集合的な記述形式のためにしばしば論争の場となり、その匿名性のために信頼性が疑問視されることも少なくない。けれども、多くの場合それなりに妥当な記述に落ち着くことが多く、論争の過程が見られるぶん、民主的な百科事典と言うことができる。

　重要なのは、信頼性ではなく、その知識の生成のあり方である。啓蒙思想は、たしかに人々を近代的な市民へと引き上げたが、それは同時に知識人と大衆との間にヒエラルキーを作り、固定した。そして固定された知識体系は、しばしばドグマとなり機能不全を起こした。

　ウィキペディア的な知識は、たえず書き換えられる途上にある。つまり、プロセスとして現れる。そこには書き手と読み手の間にヒエラルキーは存在しない。信頼性が低いことをあらかじめ読み手は知っているので、必要に応じてほかの情報ソースを参照することによって、事実関係を読み手が確認すればいいだけの話である。基本的に、盲目的に情報を信じることをネット社会は許さない。むしろ情報の読み手がきちんと自律したリテラシーを獲得することが要求されるのである。

　もうひとつインターネットがもたらした新しい思想は、オープンソースという概念である。たとえばＬＩＮＵＸというＯＳがその代表的なものだ。ＬＩＮＵＸはＯＳなので、基本的にはマイクロソフトのウィンドウズと同じ機能を持つ。異なるのは、ウインドウズの場合、そのプログラムの中身をマイクロソフトが独占的に所有しているのに対して、LINUXでは、それが公開されていることである。つまり、ウィキペディアと同じように、誰もがその開発に参加することができ、必要に応じて改変することができるのだ。

こうしたオープンソースのソフトウェアが近年、増えてきており、クォリティや使いやすさも、市販されている商用ソフトと比べても遜色《そんしょく》がないものになりつつある。オープンソースの概念がおもしろいのは、知識を共有し、共同で作業することに対する一種の合意が形成されているところである。その結果、もちろんトライアル・アンド・エラーはあるものの、誰かが指導的な役割を果たすこともなく、最終的には一定の方向性が生まれてくる。これは、私が集団的知性と呼んだ「群れ」の行動とよく似ている。その知識は、誰にも属することのない、「共」なるものとして発展しているのだ。

二〇〇〇年代に登場した「ストリートの思想」は、こうした「ウィキペディア」的な知識や「オープンソース」的な技術発展にもとづいた情報インフラに支えられている。このことは、コンピュータ関連で行われているだけではない。こうした技術的発展は、日常生活にも刺激を与え、新しい知識の生産のあり方が模索されているのである。「ストリートの思想」は、こうした背景から登場したのだ。

ゆるやかに開かれたコミュニティ

インターネットを通して、あらゆる情報にアクセスすることが可能になると、逆に、ネットにはけっして上がらないようなリアルな世界の出来事や経験の共有が一層重要になってくる。

ここで浮上するのが、ローカリティ、具体的な人間関係である。二〇〇〇年以降の若者たちの文化政治運動の中で興味深いものは、どれも具体的な街から生まれている。高円寺の素人の乱やSAVE the 下北沢、次章で紹介する渋谷・宮下公園のナイキ・スポンサー化に反対する２４６表現者会議などがその例だが、どの運動もその街のコミュニティ、住人、飲食店やブティック、雑貨屋、公園といった物質的な都市空間とわかちがたく結びついている。

このことは、自律した大学空間と結びついて発展してきた学生運動や、大学人を中心に形成されてきた左翼理論と大きく異なっている。こうした旧来の理論は、ともするると議論の対象が一足飛びに世界や国家へと拡大し、形而上学的で抽象的な議論に終始する一方で、現実性とともに理論を支える人的・物質的な基盤を失っていた。

それに比べて、街を舞台にした「ストリートの思想」は、現実に存在している都市空間に支えられている。知識や情報がコンピュータやインターネットの中に遍在し、共有されるのにしたがって、そこにはおさまりきらない生き生きとした生の実践がここで試されているのである。「ストリートの思想」の重要な構成要素は、活字の中には回収できない息遣いやにおい、肌ざわりといったものだ。音楽や映像といった非／前言語的実践、デモや集会のような直接行動が、この「思想」の中心にあるのはそのためである。

二〇〇〇年代は、それまで狭義の「政治」にかかわったことのなかった人々が政治に参加し、政治の領域を拡張した時代である。その時、人々を惹きつけ、「群れ」を組織していたのは、伝統的な知識人でも政治的な指導者でもなく、ストリートに根ざしたさまざまな文化の実践者たち、「ストリートの思想家」たちだった。

こうした新しい政治運動は、かつての政治党派のような固定された関係によってではなく、街を舞台に、お互いの存在が感じ合える程度の緩《ゆる》やかなネットワークによって形成された。そこで積極的に採用されたのは、日常的な経験の中に対抗軸を探っていく戦術だった。それは、政治を自分たちの手に取り戻し、再生する試みだったのである。

（1）ネグリ、A.＋ハート、M.『〈帝国〉』水嶋一憲ほか訳、以文社、二〇〇三年
（2）グラムシ、A.『グラムシ獄中ノート1』獄中ノート翻訳委員会訳、大月書店、一九八一年
（3）クライン、N.『ブランドなんか、いらない』松島聖子訳、はまの出版、二〇〇一年
（4）Association pour la Taxation des Transactions pour l'Aide aux Citoyens の略称。トービン税の導入によって、それを発展途上国の債務取消や融資や環境問題にあてて南北格差をなくそうという運動組織。トービン税は、経済学者のジェームズ・トービンの発案で、国際的な経済取引に定額税を徴収すべきだというものである。
（5）前掲（1）、三七七頁
（6）ドゥルーズ、G.「追伸——管理社会について」『記号と事件』宮林寛訳、河出書房新社、一九九二年
（7）この記述は、ネグリ＋ハート『マルチチュード（上）』幾島幸子訳、NHKブックス、二〇〇

五年、一一二―一一三頁の「群れ」に関する記述に大きく影響を受けている。

(8) ECD『いるべき場所』メディア総合研究所、二〇〇七年、一七九頁

(9) アルチュセール、L.『再生産について』西川長夫ほか訳、平凡社、二〇〇五年、三六六頁

(10) 浜本満+浜本まり子共編『人類学のコモンセンス』学術図書出版社、一九九四年

(11) クリフォード、J.『文化の窮状』太田好信ほか訳、人文書院、二〇〇三年

第五章 抵抗するフリーター世代——10年代に向けて

年越し派遣村とメディア報道

二〇〇八年は、九〇年代から続いてきた新自由主義とグローバリゼーションの論理が一気に破綻した年である。二〇〇七年のサブプライムローン問題に端を発し、翌年九月のリーマンショックを契機に世界中に拡大した経済危機は、日本においても未曾有の景気の低迷をもたらし、年末までに多くの派遣社員や契約社員が職を失った。

日比谷公園には、職を失ったのみならず、会社に与えられた住居から追い出され行き先をも失った人々のために、「年越し派遣村」と名づけられた臨時のテント村が作られ、五〇〇人以上が集まった。年末年始にはハローワークが閉まってしまうので、その間に滞在する場所と食事を供給しようというものである。

二〇〇八年から翌〇九年までメディアで大きく取り上げられた年越し派遣村だが、こうした状況は予想されなかったわけではない。すでに二〇〇六年には「格差社会」という言葉が流行語になっていたし、その後も「ワーキングプア」や「ネットカフェ難民」という言葉が、フリーター世代の過酷な状態を示す語としてメディアを賑わしてきた。

けれども、二〇〇八年のリーマンショック以降の情勢は状況を一変させた。それまでは、フリーターや派遣労働者などの問題が語られることがあったとしても、それは社会の一部の問題にしかすぎず、中長期で解決可能なものとして扱われてきた。リーマンショック以降、これが今の制度では解決不能な根本的問題をはらみ、今後すべての人に潜在的に起こりうることだと人々が感じ始めたのである。

霞が関の官公庁街のすぐ近くに設置された年越し派遣村は、その変化の象徴的な存在となった。年末年始は連日のようにテレビ局が押しかけ、村長である、「自立生活サポートセンターもやい」事務局長の湯浅誠が頻繁に画面に登場した。テレビだけではなく一般雑誌や新聞でも、一部の左翼系メディアしか取り上げてこなかった貧困問題が報じられた。九〇年代中盤以降進められてきた構造改革が、弱者切り捨ての施策であり、格差社会の元凶であることに対して一定の共通認識が生まれたのである。

この世論は、貧困問題にほとんど関心を払ってこなかった既存の政党も動かした。社民党や共産党はもちろんのこと、民主党や自民党の議員たちも年越し派遣村を訪れ、厚生労働省はテントに入りきれなかった人のために正月休みの間、講堂を開放した。

この一連の動向は、とりあえずは評価すべきだろう。少なくとも、日本の中に貧困問題が存在することがあらためて一般的に認識され、それが一〇年以上にわたる規制緩和の結果であることが意識されるようになったからだ。

けれども、手放しで喜んでもいられない。メディアで大きく取り上げられたことは、何らかの解決を意味するわけではない。マスメディア、とりわけテレビの顕著な機能のひとつは、リアリティの伝達ではなく、リアリティの消去である。さまざまな矛盾や衝突はテレビ的な物語の中で覆い隠され、視聴者が消費しやすいように商品化される。視聴者のほとんどは、物語の登場人物に感情移入する。しかし、それは番組を視聴している間のみのことだ。スイッチが消されれば、あたかもそれで問題が解決されたように思い、何ごともなかったかのように忘れ去ってしまう。

これは、テレビというメディアの特性だが、今では新聞や雑誌、書籍にいたるまで、メディア全体がテレビのような、巨大な情報更新装置として働いている。書店にロングセラーが並ぶことは少なくなり、J-POPのヒットチャートのように週単位で本棚の内容が入れ替わる。少し前の情報は古びてしまうか、そうでなければ見慣れた光景として日常生活の一部に融解してしまう。

フリーターや派遣労働者の窮状についても、その悲惨な現状がテレビ番組の「エンターテインメント」として成立する限りは取り上げられるが、そのうちにマンネリ化するとメディアはすぐに関心を失ってしまう。結局、社会の状況は何も抜本的な解決がなされないまま、放っておかれることになる。メディアが問題なのは、ただ消費するからだけではない。似非《えせ》解決策を提示することによって、一種のカタルシスを視聴者や読者に与えて、あたかもその問題が解決済みであるかのようにふるまうからである。

湯浅誠の軌跡

ここまで私が取り上げてきた「ストリートの思想」が、このようなマスメディアのあり方に抵抗する思考の様式であることは繰り返すまでもないだろう。「ストリートの思想」は、メディアによる現実のスペクタクル化（商品化やエンターテインメント化）とは逆向きのベクトルを持つ思考のあり方である。

とはいえ、メディアを媒介としない生《なま》のリアリティというものがあるわけではない。いずれにしても、私たちの世界はすでにメディアに覆い尽くされてしまっている。メディアは私たちの社会やリアリティを構成している重要な要素なのだ。

したがって、今日の「貧困のスペクタクル化」とでも呼ぶべき状況への対抗軸は、メディアからいっさい離れて、直接的なリアリティを獲得することによってのみ構築されるわけではない。それは私たちの生活がメディアによって浸食されていることを認めつつ、メディアに積極的に介入していくことを通じて構築されるべきなのだ。

年越し派遣村については、メディアのスペクタクル化に抗しつつ、メディアの特性を利用するという二つの側面を持っていた。派遣切りが深刻化していた年末において、日比谷公園に年越し派遣村を出現させることは、実際に派遣切りにあって困っていた人たちを支援することに加えて、メディアに積極的に介入し、問題を現実の世界の中で可視化するパフォーマンス的な行為だったのである。

しかし、メディアの論理の貪欲《どんよく》さは、そうした対抗的な論理さえ、視聴者の関心を集めるために、テレビ番組制作の論理へとスライドさせてしまうところにある。メディアは、日本のど真ん中に突如として作られたリアルな存在を再び飼い慣らし、テレビ番組としてパッケージ化し、年末年始日本中のお茶の間へと届けた。しかし官公庁とハローワークが仕事始めを迎えると、年越し派遣村は、再び都市の不可視の、無意識の領域へと押し戻された。ここには、メディアとリアリティをめぐる政治が働いている。

ここで必要なのは、テレビ的な思考の枠組みに取り込まれて、年越し派遣村を二〇〇八年末の「点」の出来事として捉えないことだ。メディアの中には、いわゆる「派遣切り」にあった人だけではなく、「派遣切り」が問題化する以前から野宿生活を強いられていた人々もまた日比谷に来ていたことを批判する風潮も見られた。けれども、そもそも派遣切りと野宿者の問題は同じ構造から生まれているものだから、批判は的外れである。例年「年越し支援」は、日雇い労働者が集まる山谷や野宿労働者の多い新宿や渋谷で行われていた。むしろ重要なのは、日比谷から山谷や渋谷へ「線」を引いてみることだ。実際、年越し派遣村は、これまでの野宿労働者に対する炊き出しや越冬運動などのノウハウなしには成立しなかった。

　時間的な「線」も引いておくべきだろう。第三章で触れたように、派遣村の村長として知られるようになった湯浅誠が野宿者支援や貧困問題にかかわるようになったのは、彼がまだ大学院生だった九〇年代のことだ。その後、自立生活サポートセンターもやいの活動を始めるようになった湯浅の軌跡は、大学が脱政治化され、若者たちの運動の中心がストリートへ向かう過程に対応している。湯浅もまた「ストリートの思想家」の一人なのだ。年越し派遣村は、二〇〇八年の金融危機を受けて生まれたものだが、それは唐突に誕生したわけではない。九〇年代をかけてゆっくりと醸成された新しい政治文化が作り出したものだったのである。

246表現者会議

　メディアのスペクタクルに対抗する「ストリートの思想」の別の例として、渋谷駅周辺を中心に活動している「246表現者会議」を紹介したい。

　246表現者会議が発足したのは、二〇〇七年一一月だ。そのきっかけとなったのは同年一〇月、渋谷駅の国道246号線に面した高架下に壁画を展示している「渋谷アートギャラリー246」が、高架下壁面をギャラリースペースとして利用するという理由で、そこで野宿生活している人々に「移動のお願い」をしたことである。これを問題視したアーティストの小川てつオと武盾一郎が、246表現者会議を結成した。

小川は、序章でも紹介したように、代々木公園の中にあるブルーテント村に、物々交換を基本とするカフェ「エノアール」を設け、孤立しがちなブルーテントの住人のコミュニティを作る活動をしてきた。武は、第三章で紹介したように、九〇年代中ごろに新宿ダンボールハウスに絵を描いていたアーティストである。二人ともアートとストリートをめぐる政治には人一倍敏感なアーティストだ。

246表現者会議のブログには、この二人が、表現者会議発足の動機について書いている。小川は、「アートの名において、「追い出し」をかけるなんて、あまりにもアートを馬鹿にしている」と感じ、「ここで、アートとは何かを問わなければ、アートが危ない感じがした」と言う。一方、武は、「何かとても見えにくい、言葉にしづらい、「薄気味の悪さ」を感じ」、「なぜ僕は薄気味悪く感じたのだろう？」と問う。

武は何を「薄気味悪く感じた」のか。

恐らくここ（引用者注：渋谷アートギャラリー二四六）に携わった方々は本当に

「良い事」を「善意」を持って、笑顔で一生懸命やっているのだろう。行政も学校も大企業も「地域」と呼ばれる人たちも、みんな力を合わせて一緒になって街づくりをしているのだろう。／さわやかな笑顔で精一杯善行をしているのだろう。……、そして野宿している人たちがかき消されている。まったくすっぽりと消えている。人間の存在が消されている。／「アートの名に於いて」。／最初、なんだか言葉が見つからなかった。(1)

武が問題にするのは、街を良くしようと考えている人たちの「善意」である。彼は頭ごなしにその「善意」を否定することはしない。みんなそれなりに真剣に、街をきれいにしようとしているのだ。けれども、皮肉なことに、そのまさに素朴な「善意」が、より深刻な排除の論理や暴力を生み出してしまう。それは、野宿者に対してあからさまに向けられる「悪意」に比べて、自覚がないだけにより問題ではないか。

けれども、こうした「善意」を糾弾する別の「善意」は、（必要ではあるが）それだけでは十分に機能しないだろう。街を良くしようとしている人は、自分たちの活動に疑いを抱いていないだろうし、批判される理由も理解できないかもしれない。

２４６表現者会議が重要なのは、一足飛びに政治的な反対運動を組織するのではな

246表現者会議による「キッチン246」
（撮影：関根正幸）

く、これをきっかけに人々が「アートの名に於いて」継続的に路上で出会い、話し合う場所を作ろうとしているところにある。会議の案内は、主としてメーリングリストやブログで告知され、どこからともなく集まった人々が少ない時は数人、多い時には三〇人程度集まって、高架下や駅前で地べたに座ってだらだらと話し合いを続ける。

それだけではない。月一回の定期的な会議や不定期のミニ会議のほかに、フットサル、渋谷駅周辺で集めた食材を使って料理を作って食べる〈キッチン２４６〉、展覧会の企画など、その活動は多岐にわたる。それは、起きたことに対して反対するのではなく、有形無形の自律的な空間を積極的に作り出して、その営為を通じて都市を解放する試みである。

２４６表現者会議のメンバーのさまざまな試みの中で、もっとも印象深いのは、いちむらみさこのプロジェクトである。いちむらは、小川と一緒に代々木公園「エノアール」を運営していたが、渋谷高架下でホームレスが襲撃されたことをきっかけに、渋谷も拠点のひとつにして活動している。いちむらは、二〇〇七年一二月から九カ月間、高架下でほかの野宿者たちと生活をともにし、ダンボールで作った箱の中で眠ったりしながら、作品を制作している。その中でも一番美しいものは、ダンボールハウスのまわりに銀色の星をふりまいた作品（「Ｒ２４６星とロケット」）である。それはパフォーマンスでもありながら、自らの身を襲撃者から守るための防衛の手段でもある。アートと生活が渾然一体となっているのだ。

いちむらみさこ「R246 星とロケット」

渋谷・宮下公園の有料化計画

渋谷アートギャラリー２４６に対する抗議運動とともに、２４６表現者会議が取り組んでいるのは、渋谷駅の北にある宮下公園の有料化計画に対する反対運動である。二〇〇八年の夏ごろ、大手スポーツメーカーのナイキに命名権を販売することを想定して、公園の有料化プロジェクトが進められているという報道が流れる[2]。公園名に「ナイキ」の名前を冠することによって、渋谷区がナイキの支援のもと公園を一部改修、有料化するというものだ。二〇〇六年にはすでに、命名権こそ売っていないものの宮下公園内にフットサル場を作って有料化に乗り出している。今後予定される改修工事では、スケートボード場とロッククライミングの体験施設を作る計画だという。

このことが問題になったのは、宮下公園が渋谷では数少ない「公共空間」だからだ。公共空間とは本来、すべての人が平等に使うことができる場を意味している。たとえば渋谷で市民運動や政治運動をする人にとって、宮下公園は数少ない集会場であり、デモが渋谷近辺で行われる時には拠点となる場所だった。また九〇年代以降、長期景気低迷が続く中で、住む場所を失った野宿者たちが生活できる場所でもあった。

宮下公園のいわば「ナイキ公園化」とそれにともなう有料化は、単に公園を改修して、誰もが使いやすくするということを意味するのではない。ここで生活している人を追い出すだけではなく、渋谷を中心としたありとあらゆる政治運動を締め出して、比較的裕福な若者層に特権的に公園を使用させることを意味しているのだ。

ここには、渋谷アートギャラリー２４６と同じ論理が働いている。渋谷区は、単純に公園がきれいになり、使いやすくなると考え、その一方でナイキは比較的安い値段で効率的にターゲットとしている若者にアピールできると考えたのかもしれない。けれども、この行政と企業の共存共栄的な「ウィンウィン」の発想からは、そこで生活する人やこれまで使っていた人に対する視線が抜け落ちてしまっている。

とりわけ、ナイキという企業が有力な候補として挙がっていることは象徴的だ。というのも、サッカーやバスケット、スケートボードなどスポーツを通じて、いわば「ストリート感覚」をファッションの中にいち早く取り入れてきたのがナイキだったからだ。有名スポーツ選手を広告で街中の「不良」として描くことで、不良性やストリート性を、ナイキはブランドイメージ作りに活用してきた。一般に「ストリート的」というと、ナイキ的なファッションを思い浮かべる人も少なくないだろう。しかし、ナイキをはじめとする多くのスポーツメーカーがこれまで発信してきた「ストリート感覚」とは、消費者向けにアレンジされた「不良の感性」という商品にすぎないのではないか。そこからは「生活者」の視点が抜け落ち、「消費者」のそれに特化している。街を特権的に楽しむことができるのは「消費者」だけ、ということだ。ここにも、また「貧困のスペクタクル化」に通じる商業論理が紛れ込んでいる。

キャッチコピーは〈JUST DO-IT?〉

渋谷区は、議会の承諾なしにトップダウン型でこのプロジェクトを進めている。本書執筆時の最新報道によれば、すでに渋谷区とナイキの間では大筋の合意がなされており、二〇〇九年六月中にも契約が交わされるという（二〇〇九年六月一〇日『東京新聞』夕刊）。ナイキは数億円にわたる改修費用を負担し、それ以外に年間一五〇〇万円から二〇〇〇万円の「命名権」料を、一〇年にわたって区に支払うという。

宮下公園をめぐるこうした動向に対して、二〇〇八年六月に「みんなの宮下公園をナイキ化計画から守る会」が結成された。第三章で紹介した、渋谷の「いのけん」を発展的に解消して生まれた「のじれん」の活動家や、246表現者会議のメンバーがそれぞれ違った立場から反対運動に参加している。この会が発表した声明には、その年の一二月までに四六一名の個人と四三団体が参加した。またその後、定期的に集会やデモが開かれて、反対運動は広がっている(3)。

246表現者会議は、アーティストやミュージシャンなど何らかの形で表現活動に携わっている人が多いこともあって、その活動方法も、政治的な反対運動というよりも、パフォーマンス的な色合いが強い。デモでも、色とりどりのプラカードや自作の楽器や鳴物《なりもの》が持ち込まれてお祭りのような雰囲気である。

とくにおもしろいのは、こうした活動の中で、いろいろな形でブランドの意匠が流用されていることである。たとえば、反対運動では、ナイキの有名なコピー〈ＪＵＳＴ　ＤＯ　ＩＴ〉をもじって〈ＪＵＳＴ　ＤＯＩＴＥ〉（どいて）というキャッチコピーが掲げられ、スウッシュのロゴマークの代わりにウナギの絵がロゴマークとしてあしらわれた。なぜウナギかといえば、宮下公園の下にあった渋谷川にかつてウナギが棲んでいたからだという。

〈just doite?〉のロゴ（渡辺篤作）

こうした戦術は、ブランドがふりまく資本主義的な魅力をうまく利用して、それに対する決定的な違和感を表明するものだ。これもまた資本や市場に奪われつつある「ストリート」を、自分たちの「生」の場として取り返す試みのひとつなのだ。

「ストリートの思想」とロストジェネレーション

ところで、二一世紀に入って論壇に登場した若い世代は、しばしば「ロストジェネレーション（失われた世代）」と呼ばれる。ロストジェネレーションとはもともとは、一九二〇年代から三

○年代にかけて既存の価値体系が揺らぐ中、「退廃的な」生活を送っていたヘミングウェイやフィッツジェラルドのような、アメリカの新世代を指す言葉だったが、転じて日本の「失われた一〇年」（バブルが崩壊した一九九一年から二〇〇二年ごろまで）に大学時代や就職期を送った世代を指すようになった。「就職氷河期世代」とも言われる。この「失われた一〇年」は、フリーターが登場し、社会的な問題として認知されていく時期とも重なっている。バブル景気を実感しなかった世代と言ってもいいかもしれない。派遣村村長の湯浅誠（一九六九年生）や246表現者会議の小川てつオ（一九七〇年生）、武盾一郎（一九六八年生）も、この世代のはしりである。

『朝日新聞』など大手メディアによって二〇〇六年ごろから使われるようになったロストジェネレーションという言葉は、しばしば「ロスジェネ」と略され、こうした世代から積極的に発言する書き手も登場している。また、超左翼マガジンを標榜《ひょうぼう》した『ロスジェネ』という雑誌まで登場している。『フリーターズフリー』などインデペンデント系の雑誌なども、ロスジェネ論壇と結びついている。

こうした雑誌は、書き手の多くが七〇年代生まれということに加えて、実際に社会運動に何らかの形でかかわっているというのがその特徴である。ロスジェネ論壇は、岩波書店の『世界』や朝日新聞社の『朝日ジャーナル』など左派リベラル陣営のオピニオン誌が知識人の権威の象徴だった時代とも異なる、新しい方向性を示している。既存の知識人のあり方が崩壊し、批判的言説が大学人による抽象的なものと、社会運動の実践者による実証的なものに二極分解し、論壇全体が地盤沈下していく過程で、ロスジェネのような新しい動きが登場したことは興味深い。

「ストリートの思想」のある部分は、ロスジェネ的なものと交錯しているが、その一方ですべてが重なるわけでもなく、決定的に異なる部分も存在している。以下、両者の差異について考えてみたい。

赤木智弘の左翼批判

最初に、ロストジェネレーションの問題は、左翼のみによって共有されているわけではないことを確認しておくべきだろう。

たとえば、左翼ではないロストジェネレーションの代表的なライターに、「「丸山眞男」をひっぱたきたい――31歳フリーター。希望は、戦争。」という論考[4]で論壇の注目を浴びた赤木智弘がいる。

赤木の登場が興味深いのは、インターネットが既存のマスメディアに代わる新しい言論メディアとして発展している状況に、うまく対応していた点だ。その活動の出発点はインターネットのブログであり、彼が当初話題になったのもネットにおいてである。前記の論考はネットで発表された文章をもとに『論座』(二〇〇七年一月号)に掲載されたものであるが、結果的に赤木を既存メディアの論壇の中に引き入れる役割を果たした。しかし、今でも赤木の主張の主たる発表先は自らのブログであって、彼の主張をめぐる議論の多くもネット上で交わされている。

インターネットの可能性のひとつに、すべての人が同じ資格で発言できるということがある。もちろん、落書きのような発言も少なくない。けれども、内容によっては、既存のマスメディアより効率的に情報を発信することができる。誰にでも開かれた公共圏が、ネットではある程度まで作られているのである。

しかし赤木智弘の新しさは、その登場の仕方のみにあるのではない。彼が注目されたのは、自分たちよりも上の「世代」を、既得権益受益者として位置づけ、既存の左翼やリベラルな知識人たちを、既得権益の受益者であるばかりか、結果的に若者を搾取する存在として徹底的に批判したことによる。

「『丸山眞男』をひっぱたきたい」というタイトルは、終戦直前に三〇歳の丸山眞男が陸軍二等兵として平壌へ送られ、中学も出ていなかったと思われる一等兵に執拗《しつよう》にいじめられたというエピソードから取られている。赤木は、三一歳でフリーターとして生きている自分を、丸山を引っぱたいた一等兵と重ね合わせ、「一方的にイジメ抜かれる私たちにとっての戦争とは、現状をひっくり返して、「丸山眞男」の横っ面をひっぱたける立場にたてるかもしれないという、まさに希望の光なのだ」と結論づける。

戦争肯定にも取られかねないこの論考は、ロストジェネレーションの置かれている窮状と不満を象徴的に示すものとして、大きな反響を巻き起こした。『論座』はこの反響を受けて、同年四月号で、福島みずほや佐高信、森達也ら七人による応答を載せた。

赤木はいちおうリベラルを自称するものの、政治的姿勢は実際には保守的・右翼的な言説との親和性が高い。リベラル知識人たちのいくぶん過剰ともいえる反応は、そこに理由があるのだろう。とくに現状の不公平が続くよりも戦争に希望を見出したり、伝統的な左翼が支持してきた女性や在日外国人の権利を「特権」とみなしたりする点は、時に拙速で幼稚に感じられる。

けれども、赤木の主張のポイントは、彼とその世代が置かれている状況の悲惨さとフラストレーションを描くことにあるので、保守的な面だけを拡大して批判するといささかピンボケになるだろう。その主張は、一言でいえば、特権的な経済環境にある上の世代の正社員は、最低限生活ができるお金を自分たちの世代に回せ、ということに尽きる。それが十分なインパクトを持ったのは、きわめて切実な要求として受け取られたからであり、丸山に代表される戦後リベラル知識人や左翼に対する批判であるのと同時に、既存の論壇制度に対するネット側からの批判だったからである。赤木は、マスメディアには出てこない「本音」をぶつけることで、論壇そのものが持っている欺瞞を明るみに出そうとしたのだ。

ロスジェネ論客の共通点

赤木智弘の議論は奇妙にも、ロスジェネ左派陣営の議論とも通じるところがある。たとえば、先ほども挙げた超左翼マガジン『ロスジェネ』の創刊号（二〇〇八年六月）には、「右と左は手を結べるか」というサブタイトルがつけられているが、創刊号のテーマは、何よりも赤木智弘に対する同世代の左翼からの返答である。「ぼくらの希望は「戦争」か「連帯」か」と題された、赤木智弘と『ロスジェネ』編集長の浅尾大輔の対談のほかに、大澤信亮《のぶあき》、紙屋高雪《こうせつ》、増山麗奈《れな》、雨宮処凛、萱野稔人《としひと》、杉田俊介などが寄稿している(5)。

赤木と浅尾の対談は、赤木の主張に対して浅尾が「左翼」の立場から批判するという形式を取っている。「右と左。お互いにもっとうちとけて」話すということなので、ここでは赤木が「右」の役割を与えられている。

浅尾は、ひっぱたくべき相手は丸山眞男や、ましてや赤木が厳しく批判する上の世代の正社員ではなく、「ブッシュと福田と御手洗《みたらい》」ではないかと問いかける。正社員を含めて労働者を搾取し、法外な富や利権を得ている資本家や政治家たちが問題だというのである。それに対して、赤木は、あくまでも現在の正社員と非正社員との間の格差が問題であって、正社員は結局、格差是正のためにこれまで何もしてこなかったではないか、と切り返す。重要なのは、実際に仕事と金を回すことだというのだ。議論は最初から最後まで平行線である。

けれども、この対談をはじめ創刊号を最後まで読み終わった時に印象に残るのは、その主張の差異よりも、むしろ共有されている基盤のほうである。それは、フリーターや貧困の問題を「ロスジェネ」という「世代」の問題として語ろうとする姿勢にあるのかもしれない。

創刊号の冒頭に、「ロスジェネ宣言」と題された一文がある。(6)

就職超氷河期（1990年代という「失われた十年」）に社会へと送り出された20代後半から30代半ばの私たちは、いまだ名づけられ得ぬ存在として日々働き暮らし死んでいきつつある……。（中略）そして、私たちが抱える苦しみと悲しみを、

「自己責任」という言葉で片づけたくない。これまで感情を押し殺して黙って生きてきたけれど、いまになってやっと、自分たちが「怒ってもいいのだ！」と気づいたから。

この一文を見る限り、赤木と「ロスジェネ」編集部の認識にほとんど差はない。ここでいう「私たち」とは、世代によって区切られたものである。現在の自分たちの困難は、「自己責任」などではなく、社会の構造そのものが生み出しているということ、そして、それに対する「怒り」が行動力の源泉になるということ。違いは、「怒り」の対象が誰に向けられているかということだが、根本的な構造は驚くほど似通っている。共有されているのは認識だけではない。むしろ興味深いのは、その基本的な語り口の特徴にある。それは、両者が何よりも自分自身について語ることを出発点にしている点だ。赤木の場合は、バブル経済崩壊以降に社会に出て、正規の仕事を一度も得ることがなかった、三一歳（当時）のフリーターという「自分」である。

赤木に限らずロスジェネ世代の論客が、それまでの伝統的な左翼知識人と決定的に異なるのは、多くの場合自分の立ち位置が主張の出発点になっていることだ。雨宮処凛もまた、この点で代表的な論者だろう。雨宮の場合、高校時代のいじめや不登校、家出や自殺未遂、リストカット、そして東京に出てきてからのアルバイトの過酷な経験が、その発言や行動の源泉になっており、また彼女が共感を集めるひとつの要因になっている。雨宮だけではなく、『ロスジェネ』創刊号に登場した杉田俊介や増山麗奈なども、たえず自らを参照点として論を展開しているが、この「自分語り」の多用は、ロスジェネ論壇のひとつの傾向だろう。

唯一の「敵」を名指すこと

このような傾向は、それ自体ではけっして悪いことではない。それまでの左翼理論家の多くが、過剰に理論に耽溺したあげくに、「生活」と離反した空疎な理論を並べることによって、理論的ジャーゴンがわからない普通の人々を抑圧してきたのだから。既存のイデオロギーや思想ではなく、身のまわりの個人的な問題を出発点にすることが、「ストリートの思想」のポイントである。

けれども、こうした個人的な問題が社会や世代や階級といった抽象的な問題と一足飛びに直結すると、にわかに危うさをはらみ始める。たとえば、二〇〇八年に起きた秋葉原通り魔連続殺傷事件を題材にした『ロスジェネ』の別冊「秋葉原無差別テロ事件――「敵」は誰だったのか?」などには、その危うさがはっきりと表れている。(7)

逮捕された容疑者が、首を切られた派遣労働者であり、典型的なロストジェネレーションの若者だったために、この事件は、しばしば今日のフリーター・派遣労働者の問題に関連づけて語られてきた。『ロスジェネ』の特集号の寄稿者は、安易な一般化を避けつつそれなりに慎重に議論を展開しているが、それにもかかわらず、この特集号から受ける印象は、「フリーター世代は今や殺人事件を起こしかねないほど追いつめられているから、どうにかしなければならない／なんとかしろ」というメッセージである。

たとえば、巻頭の座談会の中で、雨宮が「実は、私のところに彼（引用者注：容疑者）のような不安定な境遇の製造業の派遣労働者だったり、30代、40代のフリーターの人から、もうかなり前から「無差別殺人をしたい」とか「通り魔になりたい」だとか、本人の「自殺願望」と紙一重のような「自爆テロ願望」「殺人願望」と表現せざるを得ないような内容のメールが届いていた」ことを紹介すると、浅尾がそれを受けて「若者のあいだに殺意はまん延している」と応える。(8) こうした発言は、連続殺人の直接的な原因を、その厳しい生活環境に求めようとするものである。

たしかに容疑者の労働環境が過酷なものであったことは事実だろう。しかし、過酷な労働環境にいる人すべてが殺人を犯すわけではない。殺人はあくまでも例外的な条件の中で、例外的な個人が、それぞれの理由によって犯すものである。

このことは普通の人が殺人願望を持っていないことを意味するものではない。二〇世紀を席巻《せっけん》したフロイトの精神分析によれば、誰かを殺したいとか、自分自身死んでしまいたいという「死へと向かう欲望」は、誰もが無意識のうちにしまい込んでいるものであり、それは社会化される過程の中で意識されなくなっているにすぎない。

こうしたトラウマ的でセンセーショナルな事件が、無意識のうちに眠っている黒い欲望を呼び覚まし、一種の奇妙な共感を生むこと自体は、その表面的な異様さにもかかわらず必ずしも異常なことではないのである。黒い欲望を管理し規制するのが道徳や社会であり、その欲望の発露を取り締まるのが法である。殺人へといたる衝動を抱くことと実際に殺人を犯すことの間には越えがたい壁がある。犯罪への欲望と実際の犯罪とを混同してはならない。

秋葉原通り魔連続殺傷事件の唯一の「敵」として、非正規労働者に過酷な条件を押しつける国家や資本を名指しすることは、一見わかりやすい物語だが、危うさをはらんでいる。そこには、本来多様な欲望をひとつの方向へとまとめ上げ、動員しようという全体主義的な志向がまぎれ込んでいるのではないか。個人的な「怒り」を媒介とし、共通の「敵」を特定することによって、本当に「右と左は手を結ぶ」ことができるのか。そこで「手を結ぶこと」からこぼれおちてしまうものがあるのではないか？

階級・世代を超えた開放性

個人的な「怒り」は出発点にはなるが、そこには限界もある。「怒り」が個人的なものにとどまる限り、「怒り」を共有できる自分たちと、そうでない他者との間に境界線が引かれてしまう。共有できない存在は、単に他者として排斥されるだけではなく、「敵」として名指しされる。この個人的な「怒り」が特定の集団によって特権的に占有されると、日本の左翼政治にしばしば見られるように、「内ゲバ」という救いのない出来事が生じる。

ロストジェネレーションの議論が、「自分たちの世代」から出発するのは必要なことかもしれない。けれども、どこかで「自分たち」という枠を超えない限り、そうした「怒り」は必ず党派的な分断と結びつく。

「ストリートの思想」とは、徹底的に個人的でありながら、同時にそれを多種多様な人々に開いていく思考法である。ストリートは、あらゆる世代に、あらゆる階級に、あらゆる世代に開かれている。「ストリートの思想」が闘うべき相手は、そうした開放性を脅かす存在である。

２４６表現者会議において、渋谷アートギャラリー２４６や宮下公園をスポンサーにしようとするナイキが問題になったのは、いずれもストリートの公開性を侵害しようとしたからだ。そもそも、小川てつオや武盾一郎が２４６表現者会議を始めたのは、ある種の「怒り」からではあるが、それは必ずしも彼らが特権的に持っている「怒り」や世代的な「憤《いきどお》り」に還元することはできない。それは渋谷で野宿している人たちと共有している「怒り」であり、潜在的に場から排斥されるかもしれない人々（その中には、言うまでもなく自分自身も含まれている）と共有している憤りである。

あるいは、湯浅誠の「自立支援サポートセンターもやい」や年越し派遣村も、社会的・経済的に排除された、同じ境遇に置かれた人が主体となってひとつのコミュニティを作っていこうという、世代を超えたプロジェクトである。それは、社会構造を批判すると同時に、開かれた連帯を模索するものだ。そこには「怒り」とともに「愛」がわかちがたく含まれている。

しかし、ストリートはただちにあらゆる人に開かれるわけではない。重要なのは、実際に時間と場所を共有することである。共有するといっても、すぐに合意が形成されるわけではない。そこには、さまざまな矛盾や齟齬《そご》、論争や不合意が存在するだろう。安易な合意や意見の一本化に対してたえず懐疑的な目を向けることこそが、ストリートの作法なのだ。ストリートは開放的である。そして、このことはロスジェネ論壇――まさに再生産された「論壇」――の中でしばしば見られる、拙速な決断主義とは正反対のものだ。

「ポッセ」の力

ネグリとハートは、人々を運動へと駆り立てる「愛」や「情動」を、「ポッセ」という語で表現している。(9) ポッセとはラテン語で「活動性としての力」を意味する。ルネッサンスの人文主義において、この語は「知と存在をともに編み込む機械」として、「存在論的動性の核心部」に位置づけられていた。

ネグリとハートがおもしろいのは、この古い哲学用語をヒップホップ用語の「ポッセ」と重ね合わせているところだ。「ポッセ」はヒップホップ文化では、「集団」「仲間」「連中」「奴ら」というニュアンスで用いられる。ヒップホップ用語と重ねられることで、この古い哲学用語は、現在のマルチチュードの存在様式の核として再生するのである。ここで発見された「ポッセ」とは、いかなる対象をも超えていくような「公共性とそれを構成する諸々の特異性をもった個の活動」であり、「新しい政治的なものの現実の起源に存在する」とされる。

ここで重要なのは、「ポッセ」が、何かに対抗して生まれるもの——たとえば、資本主義の不当な搾取に抗して生まれる反対運動のようなもの——ではないということだ。それは、労働を通じて人間が自らの価値を決定する力であり、ほかの人とコミュニケーションをはかりながら協働する力であり、究極の自由を求める力である。

こうした力は、既存の資本主義的な生産様式と対立している。実際には、労働は、たえず資本によって搾取されているし、協働の可能性は私的所有によってないがしろにされている。けれどもこの「ポッセ」が、次の時代の労働者（マルチチュード）のための労働を再編すると、ネグリとハートは考えたのだ。

「愛」とか「情動」というと、少し大仰に感じられるかもしれない。けれども、人々は「怒り」によってのみ、何かを否定することによってのみ動かされるわけではない。何かを肯定することも行動の大きな原動力になる。「愛」や「情動」は、そうした肯定性を示す言葉である。

ネグリとハートにならって、ヒップホップの現場を考えてみよう（彼らは、哲学用語とヒップホップ用語の共通性は指摘しているが、それ以上は議論を深めていない）。アメリカの抑圧された黒人文化から始まったヒップホップは、搾取や貧困、社会に対する怒りをテーマにすることが多い。けれども、それはヒップホップの魅力の半分でしかない。もし、それだけが重要な要素ならば政治集会に行けばいいのだ。ヒップホップの現場には、ラッパーやDJ、そして観客がいて、その間に応酬（コール&レスポンス）がある。ヒップホップのシーンを支えるのは、空間の熱気であり、ダンスをする身体であり、その快楽である。「ポッセ」とはそうした快楽を共有できる連中のことだ。ヒップホップを作り上げているのは、ラッパーでも音楽産業でもなく、こうしたさまざまな「ポッセ」なのである。一般にヒップホップ文化は、ストリートカルチャーの代表的な例として認識されている。ストリートとは、そうした身体が出会う場所なのだ。

ストリート、自由、自律、そしてアート

「ストリートの思想」にとって「自由」や「自律」は重要な概念である。そしてこの二つが、「ストリートの思想」を、ほかの同時代的な政治運動・思想と隔てるポイントとなっている。たとえば、フリーターや派遣労働者の運動の一部には、不安定な雇用形態をやめてより多くの正規雇用を、という主張が見られる。けれども、「ストリートの思想」は必ずしも伝統的な形態での正規雇用を求めているわけではない。フリーターや派遣労働者が正社員と同じ仕事をしているのに、正社員よりもはるかに不安

定な雇用関係のもと、低賃金で働かされている不公正さを問題にしているのであって、高度成長期の日本のサラリーマンのように、会社に人生そのものを捧げるような生活を手に入れたいと言っているわけではないのだ。

ここまで本書で扱ってきたストリートの思想家のほとんどが、ミュージシャンやアーティストだったことは、このことを理解する鍵になる。

アーティストは特別な存在だから、時代の未来をあらかじめ読むことができるなどと言っているのではない。現在、私たちが目撃しているのは、逆の出来事である。つまり、すべての人がアーティストのようになりつつあるのだ。このことは次の二つの条件から説明することができる。

ひとつは、産業構造の変化である。第一章で述べたように、一九七〇年代中ごろに産業構造がすっかり変化し、物質的な製造業に代わり非物質的生産――そこには情報や文化、メディアなども含まれる――が産業の中心になった。それとともに、雇用形態は著しく変化し、流動的な雇用形態が生まれた。フリーランスから派遣社員、アルバイトにいたるまで多様な雇用形態がこうした新しい産業に導入され、中心的な役割を果たすようになった。こうした新しい職能に求められるのは、創造力や独自性、あるいはコミュニケーション能力であり、それはとりもなおさずアーティストに求められる能力と限りなく似ている。

けれども、これはコインの片面である。制作活動だけで生活ができるアーティストは、ごく一握りにすぎない。多くのアーティストは作品制作だけでは生活できず、ほかの職種に就いている。とりわけデジタル技術の発達がもたらした生産や消費の形態の多様化によって、アマチュアとプロの領域が曖昧になり、中間的なアーティストはさらに増大した。一方でアーティストは過酷な競争にさらされ、他方で複数の多様なアイデンティティを保ちながら生活を続けるほかなくなったのだ。

こうした今日的な生活環境はもはや、アーティストだけにあてはまるものではない。好むと好まざるとにかかわらず、今では多くの人が多様なアイデンティティを保ちながら、アーティストのように生きることを強いられている。それはもはや選択の問題ではなくなりつつある。かつてであれば「好きでやっているんだから仕方がない」と考えられていたアーティスト的な生活が今や、音楽や美術など芸術的な営みをしていない人にまで浸透しているのだ。

ネグリとも交流のあるパオロ・ヴィルノは、次のように言っている。

私は、文化産業こそがポストフォーディズム的生産というパラダイム全体をま

と め上げたのではないか、と考えています。私の考えでは、したがって、文化産業における諸々の慣例が、ある時点から、規範となって浸透し始めたということになります。[10]

これは、テオドール・アドルノとマックス・ホルクハイマーの有名な文化産業論を受けた一節だ。アドルノとホルクハイマーは、映画やレコードのような複製技術の登場によって、文化もまた工業製品のように大量生産されるようになったことに衝撃を受ける。こうして産業化された「文化」は、人々の思考を均質化させ、人々を資本の論理に従属させると考えたのだ。これは、文化のフォーディズム化に対する批判である。

ヴィルノは、アドルノとホルクハイマーの議論を反転させている。ヴィルノによれば、文化産業の誕生とともに、それまで一部の人たちに独占されていた名人芸が大衆化した。ここでいう「名人」とは、いわゆる芸術家の中でも絵画や彫刻のような自律した「作品」を生産しないパフォーマー、つまり、音楽家や俳優、舞踏家などである。彼らの名人芸は、常に自分たちの身体、そしてオーディエンスと結びついている。名人芸であるためには、自らの身体をもってたえずオーディエンスの前で演じ続けなければならない。文化産業に従事するとは、こうした名人芸を身につけることである。

この名人芸はとりもなおさず、コミュニケーション能力にもとづく非物質的労働のことだ。ヴィルノによれば、むしろ産業全体が、文化産業を規範としてポスト・フォーディズム化されたというのだ。

ここで重要なのは、この過程において労働そのものが政治的な特徴を帯びることだ。具体的な作品を残さない名人芸とは、行動することが作品を生み出すということ、より正確にいえば、行動こそが作品ということである。その行動は多くの場合、他人との協働的な作業であって、オートメーション化された工場労働のような、フォーディズム的な作業に分解できない。

また、名人芸的・パフォーマンス的労働は身体と分離することができないので、労働と余暇の区分も曖昧になる。なぜなら、まさに同じ身体が労働と余暇の両方を支えているからだ。余暇の間の思考やコミュニケーション、人間関係、こうした行為すべてが、すでに労働に組み込まれていく。

その結果、文化産業の労働者は、労働と政治を区分することもできなくなる。コミュニケーション的な労働は、人の政治的信条の形成に不可分に関与するし、逆に日常の政治的活動も労働の一部になる。そして、それ以上に重要なのは、こうした労働が、協働的な知識を生産するという政治的な実践の一部になることだ。二〇〇〇年代のストリートの叛乱は、名人芸を身につけたポストモダン・プロレタリアートが、名人芸を国家や資本に回収させずに、自分たちのために使いこなすことで起こった。

企業の利益のために使われていた、ヒトやモノや情報を組織するノウハウは、資本を批判する運動を組織するために流用された。ミュージシャンは、レコード会社のためにではなく、自分とまわりの人々とコミュニティのために曲を作り始めた。デザイナーは企業や出版社のためにではなく、自分たちの意見を人々に伝えるためにデザインを始めた。アーティストは、美術館やギャラリーのためにではなく、共に生活をしている人々と何かを共有するために作品を作り始めた。これらはわかりやすい例だが、ポスト・フォーディズム的な労働は、それが非物質的で身体的な労働であるがゆえに、政治的資源に変容させることができるのだ。それは、しばしば国家や資本に奪い取られてしまっている、自分たちの創造力を取り戻す試みであり、非物質的な生産手段を自らの手で管理するという大きな変革に向かう第一歩なのである。

(1) 武盾一郎「二四六表現者会議発足の挨拶」「二四六表現者会議」ブログ http://kaigi246.exblog.jp/
(2) たとえば、「J-CASTニュース」二〇〇八年九月一一日
(3) 植田那美×黒岩大助×武盾一郎座談会「公園くらい休ませろ!——宮下公園「ナイキ化」計画の真実」『オルタ』二〇〇八年一一—一二月号、NPOアジア太平洋資料センター(PARC)、二—一六頁
(4) 赤木智弘「「丸山眞男」をひっぱたきたい——31歳フリーター。希望は、戦争。」『論座』二〇〇七年一月号、朝日新聞社
(5)『ロスジェネ』かもがわ出版、二〇〇八年六月
(6) 同前、四—七頁
(7)『ロスジェネ』別冊二〇〇八「秋葉原無差別テロ事件——「敵」は誰だったのか?」
(8) 同前
(9) ネグリ、A.+ハート、M.『〈帝国〉』水嶋一憲ほか訳、以文社、二〇〇三年、五〇四—五〇九頁
(10) ヴィルノ、P.『マルチチュードの文法』廣瀬純訳、月曜社、二〇〇四年、一〇一頁

増補　ストリートの思想二〇二四

二〇〇九年に『ストリートの思想』が書かれてから一五年が経った。この増補章では増補新版の出版にあたって、二〇二四年現在「ストリートの思想」がどうなっているのかを考えたい。

その前に簡単にこの一五年間を振り返っておこう。もちろん、この一五年の動きを全て確認することはここでの役割を超えている。それでも、現在の状況を理解するためにも本書が出版された当時はどういう状況だったのか、そしてこの一五年の間にどのような変化があったのか、簡単に確認することは必要に思える。

群衆の時代としての二〇一〇年代――「素人の乱」からＳＥＡＬＤｓへ

二〇一〇年代は、「群衆の時代」だった。世界中のストリートで人々が溢れかえったのである。

日本では二〇一一年に東日本大震災、そしてその地震によって福島第一原子力発電所の事故が起こった。なかなか収束しない原発事故による将来の不安から、原発反対のデモや集会が各地で広がった。特に首相官邸前という場所が、デモや集会の新しい場として「発見」された。毎週金曜日に開催されたデモは翌二〇一二年に入ると拡大し、七月末には主催者発表で二〇万人も集める大きな運動となった。

反原発運動が一段落した後も官邸前は、政治的な問題が起こるたびに重要なデモの場であり続けた。その後二〇一四年の特定秘密法保護法案、そして二〇一五年安全保障関連法案制定の際にも毎週のように多くの人が集まった。

こうした官邸前デモが注目を集めたのは、多くの人々を集めたからだけではなかった。一九六〇年代の学生運動以来一貫して政治に無関心とされてきた若者、特に大学生が数多く参加したとされたからである。彼らはこれまでにない新しい政治のスタイルやファッションを持ち込んだ。音楽のフェスと見紛うようにデザインされた告知用のフライヤーやバナー、Tシャツなどのアイテムは、社会運動のイメージを一新した。演説やコールの方法も、ラップをはじめとするポップカルチャーの影響を受け、これまでの社会運動にはみられない新しいスタイルを生み出した。なかでも学生たちが主催した団体ＳＥＡＬＤｓ（自由と民主主義のための学生緊急行動）は、そうした運動の代表的な存在としてメディアの関心を集めた。

この時期に『ストリートの思想』の旧版は、しばしばこうした新しい政治運動に先行する書籍として言及された。ＳＥＡＬＤｓが二〇一六年に出版した『ＳＥＡＬＤｓ　一〇二冊選書』というリーフレットのなかでも、『ストリートの思想』のもとになった拙著『文化＝政治』（二〇〇三年）が挙げられている。[1]ＳＥＡＬＤｓの活動において、ゼロ年代に国際的に広がった反グローバリゼーションやフリーター運動における音楽やファッション、アートなどの文化の社会運動への流用が意識されていたのだろう。また、実際に、ＳＥＡＬＤｓに先立って二〇一一年四月一〇日に最初の反原発デモを高円寺で組織したのは、本書でも取り上げている松本哉を中心とする高円寺の「素人の乱」周辺の人々やイルコモンズのようなアクティヴィストだった。

しかし、それら全てを『ストリートの思想』で描いたゼロ年代の風景の延長線上で考えることはできない。反原発運動の広がりや安保関連法案反対運動の拡大のなかで、ＳＥＡＬＤｓをはじめとする日本の社会運動は、都市部の大学生を中心としながら、独自のより大衆的なスタイルを生み出していった。『ストリートの思想』のアクターには、大学生がほとんど見られなかったことを考えれば、大学生の可視化は二〇一〇年代の特徴である。学生たちの運動は、それまでの旧世代の市民運動と合流しながら、学生だけではなく女性やファミリー層、そして高齢者にも広がっていった。本書で描いたゼロ年代の「ストリートの思想家」たちは当初こそ反原発運動の中心的な役割を担ったが、二〇一〇年代を通じてまた別の人々の手によって広がりを見せたのだ。これに伴って、私が描き出したゼロ年代の「ストリートの思想」の担い手たちはまた別の変容を見せるが、それについては後述しよう。

ＳＥＡＬＤｓに代表される若者たちの政治運動は、「ストリートの思想」とは異なった、サブカルチャー的なスタイルの政治運動のメインストリーム化であり、新しい学生運動として捉えるべきだろう。学生運動といえば一般に一九六〇年代の全共闘時代にピークを迎える左翼的な運動が想起される。それは、基本的には大学の自治会組織、さまざまなサークルや研究会、そして政治的な党派を中心にして広がった。けれども、官邸前に集まった若者たちは、イデオロギーよりもそのスタイルを通じて大学横断的なサークルや研究会を中心に、よりゆるやかなつながりのなかで拡大した。

東アジアの「群衆の政治」の広がり

二〇一〇年代のストリートの政治の広がり、「群衆《モブ》・政治《ポリティクス》」と呼べるようなこの新しいボトムアップ型のメインストリーム化は、日本のみで起こったことではない(2)。二〇一〇年のチュニジアのジャスミン革命から始まったいわゆるアラブの春は、二〇一三年頃までにアラブ全域に広がった。台湾のひまわり革命（二〇一四年）、香港の雨傘運動（二〇一四年）、韓国のキャンドルライト運動（二〇一六―一七年）(3)は東アジアにおける代表的な「群衆の政治」の例である。「我々は九九パーセントだ」をスローガンに二〇一一年の「ウォール街を占拠せよ（オキュパイ・ウォール・ストリート）」運動から世界中の都市に広がった都市空間の占拠運動も忘れてはいけない。

ここにはいくつかの共通点がある。その多くの特徴は、一九七〇年代以降の「新しい社会運動」を引き継いでいるが、同時に二〇一〇年代の状況を反映している。一つは、冷戦終了後続いた新自由主義的なグローバル化の問題が、はっきりと形をとって現れたこと。グローバル化は、世界中の人々のライフスタイルや思想、娯楽を均質化するとともに、新しい経済格差を生み出した。流動性の高まった社会を制御するために国家はますます権威主義的傾向を強め、グローバルな軍事権力が世界中に浸透するとともに、警察的権力がいたるところに張り巡らされた。二〇一〇年代の群衆の政治は、その動向に対するはっきりとした対抗物として組織されたのである。その一方で、インターネットと携帯端末に代表される情報コミュニケーション技術は一気に発達し、ツイッターやフェイスブックなどのSNSやYouTubeなどの映像配信プラットフォームが爆発的に普及した。

「群衆の政治」の登場は、こうした変化に対応している。とりわけSNSの影響は大きかった。これまで自ら発信する機会がなかった人々が一斉に議論を開始したのだ。情報の拡散、特にデモや集会の組織、動員にあたってSNSは重要な役割を果たした。アラブの春をはじめ当時の社会運動は、しばしばSNS革命、ツイッター革命、フェイスブック革命と呼ばれた。

「群衆の政治」の終わり？

けれども二〇一〇年代は、こうした新しいかたちの「群衆の政治」が、同じく新しい形の反動的で権威的な政治によって弾圧されていく時代でもある。言論の新たな公共圏として期待されたＳＮＳは、ゆっくりと排外主義的で攻撃的なヘイトスピーチの場へと質的に変容する。対抗的な情報発信の場は、資本主義的経済原理によって支配され、むしろ監視と抑圧の空間へと変わってしまった。インターネットは民主主義を保障するのではなく、より過酷なプラットフォーム資本主義を増殖させるインフラストラクチャーとなってしまったのである。特に権威主義的国家（ここには日本も含まれる）では、「群衆の政治」は弾圧されるか、そうでなくても後景化してしまった。

日本に話を戻せば、国会前のデモは、ＳＥＡＬＤｓの解散とともにメディアの話題になることが少なくなった。日本における新自由主義のシンボル的な存在だった安倍元首相は、選挙でも社会運動でもなく、一人の新興宗教二世によって暗殺されてしまった。そのあとを継いだ岸田政権は、特に誰からも支持されているわけではないが、ほかに代わりがないという理由で二〇二四年六月現在政権の座に居続けている。

世界に目を向けても明るい兆しがあるわけではない。アメリカは、トランプ主義をめぐって完全に二つの世界に分断されている。ヨーロッパで排外主義的ナショナリズムが広がり右派勢力が伸長している。ポスト・トゥルースの時代は、理性的な議論を民主主義から奪ってしまっている。中国の権威主義的傾向は、香港返還後はますます強まり、アメリカとの関係悪化もあり、いっそう進行しているようだ。何よりも二〇二二年のロシアによるウクライナ侵攻、二〇二三年のハマスによるイスラエル攻撃以降激化したイスラエルによるパレスチナ攻撃は、今では大虐殺《ジェノサイド》としか呼びようのない容赦ないものとなっている。こうした動向のなかで世界はすっかり冷戦以前に戻ってしまい、新しい世界大戦さえも起きかねない状況である。

こうした状況のなかで、ストリートに対する規制は特に東アジアのような権威主義国家においては強まっているようだ。また動員のための新しいコミュニケーションのモデルを提供しているように思えたインターネットは、今では分断と管理のための反動的なツールへと変貌してしまったようにもみえる。

「群衆の政治」の変容

では、「群衆の政治」の時代は終わったのだろうか？

少し別の観点から考えてみよう。

確かに中東や東アジアで広がった「群衆の政治」はいったん収まりを見せているかもしれない。けれども、二〇二〇年のジョージ・フロイドの警察による殺害事件をきっかけに広がったブラック・ライヴズ・マターは、瞬く間に全米に拡大し、その後世界中のいたるところで、ストリートの抗議運動が見られた。ＬＧＢＴＱ運動は、その内部でいろいろな議論を生みつつも確実に広がり、各都市でパレードが組織されている。二〇一八年にスウェーデンの高校生グレタ・トゥーンベリたちが「フライデーズ・フォー・フューチャー」という名前で始めた「気候変動学校ストライキ」は世界中の中学生、高校生に支持されてヨーロッパ中に広がった。多くの学校では生徒たちが金曜日のデモや集会に参加することを認める支援運動が生まれた。

世界を見渡せば二〇二〇年代に入ってもさまざまなストリートの政治が現在進行形で拡大しているのだ。その組織化やコミュニケーションの方法、スタイルも時代にあわせて大きく変化している。

日本でも、官邸前の反原発運動のような大規模なデモは最近少なくなったかもしれない。けれども丁寧に状況を観察すれば、マスメディアが報じるような大規模なデモが減少しているだけで、むしろ少し規模の小さいデモや集会はあいかわらず活発に行われている。とりわけコロナ禍のなかで人々のコミュニケーションのあり方が大きく変化したあとで、パンデミックが収束しつつある今、必ずしもデモというスタイルに捉われないさまざまなスタイルの新しい形式の政治的な活動が現れている。

プロテスト・レイヴとパレスチナ支援運動

二〇二四年六月現在、その最もアクティヴな例が日本におけるパレスチナ支援運動である。二〇二三年一〇月のハマスによるイスラエルの攻撃に対して始まったイスラエル軍の大規模なガザ地区への攻撃は激化の一途を辿り、もはや「ジェノサイド＝大虐殺」と呼ぶべき過酷な状況を生み出している。これに対して欧米の都市では、イスラエルによるガザ侵攻を批判するデモが侵攻直後から拡大している。ロンドンではその直後の十一月に三〇万人以上が参加したイスラエルに対する大規模なデモが組織された。アメリカでは、多くの大学で、大学経営とイスラエルの企業との関係を問題視する抗議運動がキャンパスを中心に広がった。

日本のパレスチナ支援運動は、欧米のそれと比べると規模は小さいかもしれない。けれども、特に若い人たちや日本に住む外国人たちによって確実に広がっている。イスラエル大使館はもちろんだが、欧米の大学に呼応するように大学のキャンパスや街角で毎週のように集会やデモが開催されている。

「ストリートの思想」の文脈で興味深いのは、サウンド・デモの系譜をひく「プロテスト・レイヴ」と名乗るプロジェクトだ。プロテスト・レイヴは、二〇一九年一〇月に渋谷で始まったサウンド・デモのプロジェクトである。中心となっているのはＤＪ、ミュージシャンのMars89とMari Sakurai、Miru Shinodaである。当初、プロジェクト・レイヴは、「ダンスは抵抗である」をスローガンに、特に対象を定めずに何かに対して「反対声明」を行いたい人々を集めて路上のダンスパーティを組織していたが、コロナ渦のなかでより具体的なテーマを設定して路上パーティを行うようになる。その形式はＳＥＡＬＤｓなどの二〇一〇年代の活動をベースにしつつ、よりエッジの利いたストリートの文化を作り上げてきた。

特に二〇二三年秋のパレスチナ危機の後は、プロテスト・レイヴは、ガザ地区におけるイスラエルのジェノサイドを批判して渋谷や新宿の駅にサウンド・システムを積み上げて抗議活動を始めた。

プロテスト・レイヴで驚かされるのは、そのパフォーマンス力の高さである。高く積み上げられたサウンド・システムは初期のサウンド・デモに比べてもはるかに高品質の音響セットになっており、ミュージシャンとしてのこだわりが半端ではない。駅前に忽然と積み上げられたステージにはライティングや煙幕、さまざまなバナーが彩られ、さながら野外コンサートやレイヴのようなセッティングである。

プロテスト・レイヴのあり方はゼロ年代に始まったサウンド・デモの文化の一つの到達点を示している。関係各所の許可取り、会場の確保から、企画・運営、スピーカーやDJ、ミュージシャンの手配、音響や照明機材の設置、広報、情報発信までこの二〇年の間にノウハウの蓄積がなされた。特にゼロ年代以降の音楽フェスや野外コンサートの増加は、野外における音響関係の技術を劇的に向上させた。プロテスト・レイヴの屋外DJイベントとしてのクォリティの高さは、この変化に対応している。プロテスト・レイヴには多くのプロフェッショナルなミュージシャンやPAスタッフが関わっている。

しかし、その一方でパレスチナ支援運動において、そのサウンド・デモの運営において音楽はミニマムに抑えられていることも指摘しておくべきだろう。祝祭的な色彩はほとんどない。パレスチナ支援に直接、間接的に関わっている人のスピーチやコールをあくまでもメインにおいて、極めてストイックに演出がなされている。こうした演出もまた定期的にサウンド・デモを繰り返してきたことによるノウハウの蓄積の結果である。

抗議運動の多様化――ウォーターメロン・アライアンス

こうしたストリートのデモだけではない。大学のキャンパスでは連日のようにパレスチナに対する支援運動、特にイスラエルの軍事産業と結びついている大学との提携解除を求める抗議活動が行われている。

早稲田大学の学生を中心としたウォーターメロン・アライアンスはそうしたグループの一つだ。留学生も多く参加するウォーターメロン・アライアンスは毎週水曜日にキャンパス内でデモなどの抗議活動を行っているが、私が興味を惹かれたのは彼ら、彼女らが組織した「パレスチナの声」という展覧会である。私が参加したのは東京藝術大学で開催された二回目の展覧会だったが、日本のメディアがほとんど伝えない、SNSや手紙を通じて発信されたパレスチナの人々の声が、日本語や英語、そしてその他の言語に翻訳され、ダンボールに手書きで書かれ、展示された。

この展示は参加型のプロジェクトである。会場を訪れると、そこに置かれたダンボールに文章を書き写し、展示するというワークショップに参加することができるのだ。その作業の過程でいろいろな意見を交換して、パレスチナの人々が置かれている窮状に寄り添うことができる仕掛けを作っていた。ウォーターメロン（すいか）は、公的な場ではしばしば国旗を掲げることさえも難しいパレスチナに対する連帯のシンボルである。赤・黒・緑というすいかの色によって国旗を表現しているのだ。

ストリートのデモは、関心をもたない人に対して訴求するには効果的である。また人々が集まっている様子は写真や映像として、メディアを通じて紹介するのには適している。けれども、その一方で、デモは仕事を抱えている人や家族のケアをしている人にとっては参加するのがむずかしい形式である。多くの場合時間が限定的だし、そこで交換される情報も必ずしも多くない。展覧会やワークショップという形式はそのようなデモの限界を補うものとして理解できるだろう。特にこうした抗議運動に参加する人たちが多様化するに伴って、これまでのデモとは異なったかたちで議論や示威活動、連帯のためのアクションをするスタイルが多様化していることは注目すべきだ。

さらに多様化する社会運動のアクター

実際、日本各地で広がっているパレスチナに対する連帯運動をみると、こうした社会運動のグローバル化にあわせて運動の参加者《アクター》が多様化していることがわかる。

プロテスト・レイヴでもウォーターメロン・アライアンスの活動でも多くの外国人や多様なルーツをもつ日本人が数多く参加している。日本語以外の英語をはじめとす

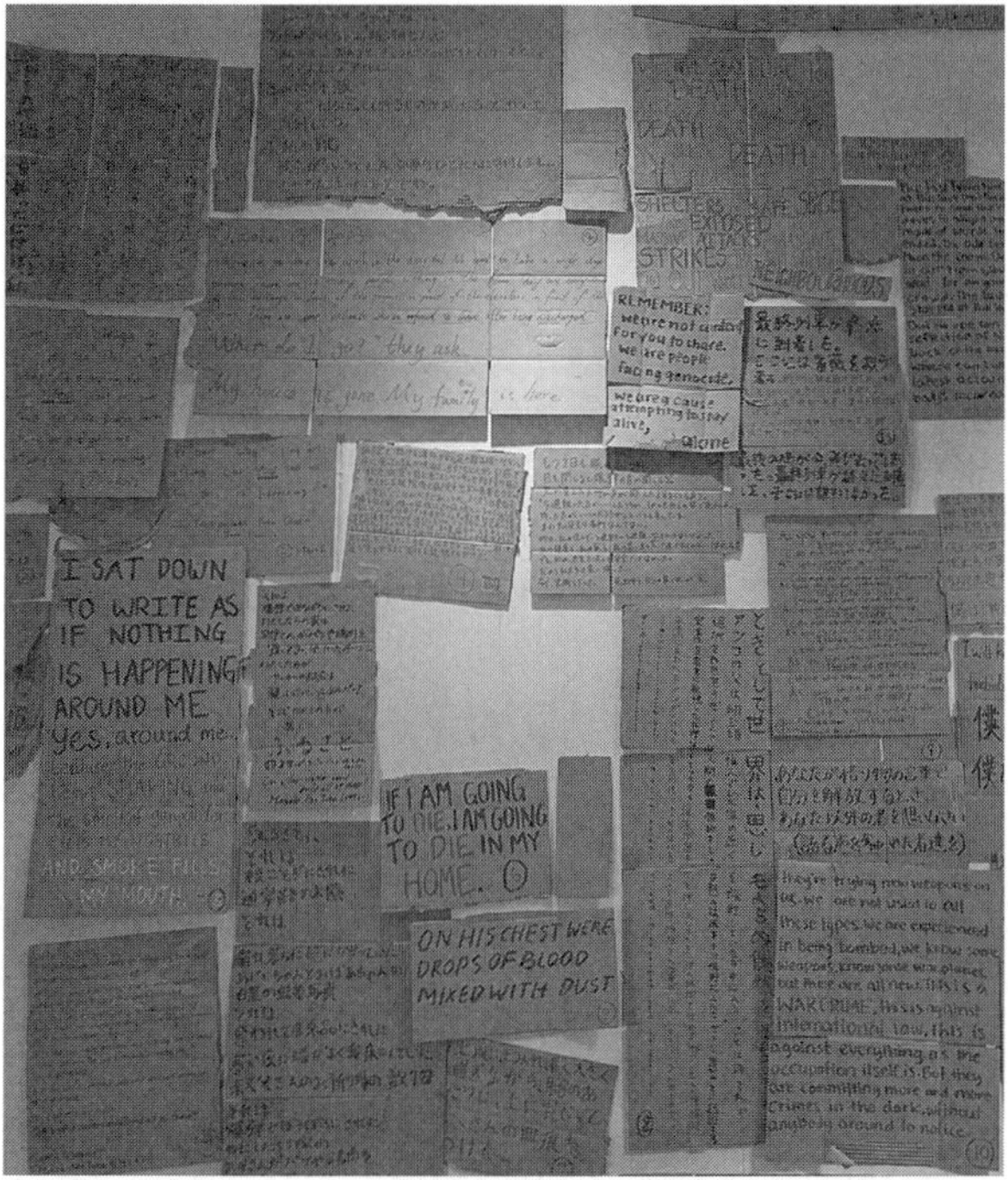

ウォーターメロン・アライアンスによる展覧会「パレスチナの声」。パレスチナの人々の声が翻訳され、ダンボールに手書きで書かれ展示された。（撮影：砂守かずら）

る多言語が飛び交うことも少なくない。パレスチナ支援ということもあり、日本で生活するいろいろな在日イスラム教徒が参加している。イスラム系というと中東の印象が強いが、日本にはインドネシアやマレーシアなど東南アジア出身の人も多い。たとえば、高円寺でカフェ「SUB store」を営むインドネシア出身のアンディカ・ファイサルは、十数年前からパレスチナ支援を続け、最近では、高円寺のレコード店「Uptown Records」の店主Saccoとパレスチナ関連のポスターを集めた展覧会「VISIT PALESTINE」を企画、全国で巡回するなどさまざまな活動を通じて、パレスチナの政治や文化、生活の可視化しようとしている。積極的に参加する女性の姿も目立ち、むしろ女性やLGBTQという立場からもグローバルな連帯が見られる。

もちろん、社会運動のアクターの多様化という傾向は一九七〇年代に始まった環境問題やフェミニズムなどを扱った新しい社会運動にはすでに見られた。二〇〇〇年前後にハートとネグリが「マルチチュード」と名付けた有象無象の人々は、グローバル化のなかで、かつてマルクスとエンゲルスがプロレタリアと呼んだ男性労働者的な傾向をもった存在に代わる新しい多種多様な政治主体を指していた。社会運動の担い手の多様化そのものは最近始まったものではない。

けれども、あらためて二〇〇九年版『ストリートの思想』を読み直すとその新しい文化政治の担い手の中心はまだ日本人の若者であって、国籍やエスニシティについてはそれほど意識されていない。そしてこのことは、その後のヘイトスピーチに代表される排外主義的な傾向の高まりを考えれば反省すべき点である。二〇二〇年代になって、日本で生活する外国人、複数のルーツをもつ日本人、そして留学生、さらには旅行者や短期滞在者も、若者や女性とならんで新しい政治と文化の中心的な担い手となりつつある。

これは、この間日本でも進んだグローバル化の一つの帰結でもある。二〇〇〇年代初頭には一五〇万人を少し超える在日外国人数が、現在は三四〇万人を超えおよそ二倍になった(4)。出身国も多様化した。大学でも留学生はもはや「お客さん」ではない。在日外国人はいろいろな意味で中心的な存在になりつつある。

これに旅行者を加えると日本に滞在している外国人の数はさらに大きなものになる。二〇一〇年ころまでは八〇〇万人程度で推移してきた訪日外国人旅行者数は二〇一〇年代を通じて一気に増加する。二〇一八年には三〇〇〇万人を突破し、その後コロナ禍で一度激減したもののコロナ禍が明けた二〇二三年には一気に二五〇〇万人にまで回復した(5)。二〇二四年は円安もあり、三四〇〇万人を超える旅行者が期待されている(6)。

訪日外国人旅行者の急激な増加は、メディアでも大きく報道され、観光地のオーバーツーリズムが社会問題としてしばしば紹介される。けれども実際に観光客の訪問先は、いわゆる観光地だけではない。観光客は、日本の都市の隅々を訪れ、「ストリートの思想」の風景を変えつつある。ここでは、第四章で紹介した、「素人の乱」店長の松本哉とその周辺の運動を例にとって、二〇二〇年代の状況を見てみたい。

グローバル化する「素人の乱」

上述のように二〇一〇年代は官邸前の反原発デモなど国内外で大きなデモが拡大する時代だったが、二〇〇九年版『ストリートの思想』の一つの中心的な存在だった「素人の乱」は、デモの拡大とはまた異なった別の展開を見せていた。

先に述べたように、原発事故直後の高円寺の反原発デモの動きは早かった。まだ震災の衝撃が収まらず、自粛ムードが広がっている四月一〇日に行われた「高円寺・原発やめろデモ!!!!!」はその後の反原発運動の出発点となった。「素人の乱」は、その後五月に渋谷で「五・七原発やめろデモ!　渋谷・超巨大サウンドデモ!」、そして六月に新宿で「六・一一新宿・原発やめろデモ!」を主催し、二万人もの人を集めた。けれども、この六月のデモを最後に「素人の乱」が反原発デモの中心的な役割を担うことはだんだんと少なくなった。このことは街を練り歩くデモよりも毎週金曜日に官邸前に集まる首都圏反原発連合が反原発運動のデモにおいて中心となってきたことも関係しているだろう。二〇一一年九月一一日に新宿で開催された「9・11　新宿・原発やめろデモ！！！！！」で一二人もの逮捕者が出た（うち七人は一五日までに釈放された）ことも遠因になったかもしれない。

高円寺の運動において中心的な役割を演じていた人々のなかから、放射線被害を恐れて東京から脱出した人が一定程度存在したことも影響しただろう。さらにいえば、震災前の「素人の乱」の一見悪ふざけにもみえる独特の祝祭的なノリが、脱原発運動が必要とした生真面目さにそぐわなくなったのかもしれない。

いずれにしても、高円寺的なストリートの政治は二〇一〇年代の日本の政治文化ではゆっくりと後景化していった。

マヌケが世界を変える？　アジアのなかの松本哉

しかし、ゼロ年代の「素人の乱」のＤＩＹ的なストリート空間の占拠は、東日本大震災後はまた別の方向で展開することになる。それは東アジアの都市間の社会運動の交流の拡大である。二〇一〇年代の東アジアは「群衆の政治」の時代だったが、それがそれ以前の「群衆の政治」と異なっていたのは、その運動が国という枠組みにとどまらないグローバル化のなかで進んだ「群衆の政治」だったことだ。

インターネット、特にSNSに代表される情報テクノロジーの発達と格安航空チケットの一般化によって飛躍的に高まった人々の流動性は、社会運動にも大きな影響を与えた。運動に関わる人たちは、自国だけではなく近隣諸国の社会運動の方法論やスタイルを積極的に学びつつ、お互いに交流を深めていったのである。

二〇一〇年代の松本哉は、こうした東アジアの社会運動の日本におけるキーパーソンである。私自身、二〇〇〇年代を通じて、第二章でも触れた東アジアの文化研究のネットワークであるインターアジア文化研究の国際会議やシンポジウム、研究会に参加するためにこの時期東アジアの都市を頻繁に訪れたけれども、最も話題になる日本人の「知識人」は柄谷行人と松本哉だった。この話は、しばしば日本では「冗談」として受け取られていたが、二〇二四年の「第8回横浜トリエンナーレ」の会場で二人の著作が一緒に紹介されているのを見て、あらためて東アジア共通の認識であることを確認した（松本哉は、東アジアのアクティヴィズムをフィーチャーした「革命の先にある世界」と題された横浜トリエンナーレ内の展覧会の参加アーティストでもある）。

なぜ松本哉だったのか。

直接的な理由は、『貧乏人の逆襲！――タダで生きる方法』（二〇〇八）や『世界マヌケ反乱の手引書――ふざけた場所の作り方』（二〇一六）が韓国語、中国語に翻訳されて、日本以上に広く読まれたことだろう。[7] この二つの書によって松本哉の名前は、「素人の乱」とともに、東アジアのアクティヴィストのなかで知られていた。「素人の乱」を紹介しつつ、世界中のアナーキーかつオルタナティヴでおもしろおかしい空間の実践を紹介した両書は、すでに現実化している革命後を描いた希望の書として広く読まれたのである。

もちろん、これにこの時期の社会的な背景もある。

先に述べたように二〇二〇年の東アジアの都市では、若者たちがストリートを埋め尽くす「群衆の政治」が広がった。こうした群衆は、SNSだけで情報を収集して自宅や大学からストリートに登場したわけではもちろんない。人々は、カフェやバー、居酒屋やレストラン、大学などに集まっては情報を交換し、議論し、作戦を考えた。このプロセスのなかで、都市のなかにはさまざまな形式のオルタナティヴ・スペースが生まれた。

欧米のスクウォッティングのようにあからさまに政治的な空間を形成することが難

しい東アジアでは、こうしたオルタナティヴ・スペースは、さまざまな形式をとっている。私自身が責任編集者として関わった雑誌『5: Designing Media Ecology』「特集：移動と場所、アジアのオルタナティブ・スペース」(二〇一六)は、そうしたアジアの空間を紹介したものだが、東アジアにおいては一時的に開店していたカフェや食堂、マンガ喫茶、ライヴハウス、アート・ギャラリー、書店、レコード・ショップ、DIYインフォショップ、そして宿泊できる安いゲストハウスなど、そうした情報のハブがこの時期アジアに増殖したことを伝えている(8)。

皮肉なことだが、このことを可能にしたのは政府や資本に対抗する政治運動だけではない。むしろこの時期グローバリゼーションを背景にした都市のジェントリフィケーションの急激な進行がオルタナティヴ・スペースの増殖を後押しした。第二次世界大戦後に建てられた建築物が老朽化し、建て替えられるのにともなって、一時的に都市の隙間が増加したのである。

東アジアの「群衆の政治」が政府と警察の容赦ない弾圧によって制圧されると人々はストリートから追い出されてしまった。都市空間は元の静寂と秩序を表面的には取り戻した。けれどもストリートから追われた人々全員が、自宅と学校、職場との退屈な往復の運動のなかに吸収されたわけではなかった。

あからさまに政治的な空間ではなかったかもしれないが、多くの人々はジェントリフィケーションが作り出した都市空間の隙間に一時的な逃避の場所を発見したのである。また、あるものは定期的に自分が住んでいる都市を脱出して、自分たちと似たような経験をしている人が住む都市の別の隙間を転々とするようになった。

建て直しまでの間の期間限定の空きスペースは、剝き出しのコンクリートの床や壁、天井をそのまま生かした簡易なリノベーションが施され、比較的安価に貸し出された。何やらアンダーグラウンドで文化的な雰囲気を醸成するために、破格の条件で利用が認められることも決して少なくなかった。

ポスト資本主義は、政治や文化のあらゆるラディカリズムも商品として包摂していったともいえる。もちろん、ここで資本主義の両義性、ジェントリフィケーションの功罪の「功」を過度に評価するのは危険かもしれない。ジェントリフィケーションは都市の隙間を一時的に生み出したが、その最終段階にあたって一切の隙間を商業施設によって埋め尽くし、結局は全ての自律的な営みの多くを都市から奪い取ってしまったのだから。しかし、そうした包摂の過程において、一時的に自律した都市空間が生まれたこともまた記憶に止めるべきだろう。

そうした状況の中で松本哉の『貧乏人の逆襲――タダで生きる方法』や『世界マヌケ反乱の手引書――ふざけた場所の作り方』は、ポスト「群衆の政治」の時代を生きる東アジアの人々のまさに「手引書」となった。「素人の乱」は、SNSが普及し、「群衆の政治」が始まる前、ゼロ年代にはすでに始まっていた。いまでは二〇年もの歴史をもつ東アジアのパイオニアで老舗ともいえるモデルである。

都市空間のハッキングとしては、一九七〇代以降欧米で広がったスクウォッティングという空間実践が過去の事例として存在している。使われなくなった廃校や教会、工場などをいわば不法占拠して、文化施設やコミュニティ施設、そして住宅などに転用して自治組織を作るという運動だ。コペンハーゲンのクリスチャニアなどはその代表的なものである。スクウォッティングは、一九八〇年代にジェントリフィケーションが進んだ欧米の都市で広がり、東アジアでも西洋のアナキズムやポストマルクス主義の理論とともに情報としては紹介された。だが、公共性や民主主義、市民や土地所有の概念が欧米とは異なり、圧倒的な国家権力と資本主義、そして警察権力が都市の隅々まで侵食している東アジアでは、そうした欧米の左翼やアナキストの空間実践は、現実的に難しかった。

松本が「マヌケ」と呼ぶ都市の反乱分子たちの「ふざけた場所の作り方」は、東アジアの政治的条件のなかで実現可能な具体案を提示していた。

もちろん、東京とソウル、台北、香港、上海、北京でも政治的・経済的・文化的状況は異なる。ここではいうまでもなく、植民地主義とアメリカの軍事的文化的ヘゲモニー、そして中国の権威主義的な政治が暗い影を落としている。東アジアという地域を文化的近似性で括ることは危険かもしれない。けれども、その一方でヒト、モノ、カネの歴史的な交流から東アジアの都市は多くのものを共有している。松本哉が提案する「革命後の世界」は想像することができる実現可能なオルタナティヴとして機能したのである。

柄谷行人は、『世界マヌケ反乱の手引書』の書評のなかで、新自由主義的経済のなかで生活に困窮する「貧乏人」が増えるにあたって、中産階級の基準に固執する「賢い」生き方とそれを放棄した「マヌケ」な生き方という二つの異なる態度が生まれていると言い、松本哉のいう「マヌケ」という人々を以下のようにまとめている。

大概の人は前者（＝「賢い」生き方）を選ぶが、それは困難であって、努力しても実際にはますます貧窮化する。にもかかわらず、他人と交わり、助けあうことはしない。そして、結局、国家に頼り、排外的になる。一方、「マヌケ」たちは

寄り集まり、国家にも企業にも依存しないで暮らせるように工夫する。(9)

松本哉が実践してきた「素人の乱」の活動は、こうした「マヌケ」たちの方法論である。柄谷は、そのことを確認した上で、『世界マヌケ反乱の手引書』では、さらにそれが進められてこうした「マヌケ」たちのオルタナティヴな場所が、固定的な空間ではなく、流動的で移動性をもった空間として扱われていることを指摘している。それは、高円寺の運動がグローバル化に影響を与えつつ、高円寺という都市空間が多種多様な移動する人によって構成されているという新しい認識である。

ここでもう一つ指摘しておくべきことは、単にさまざまな人が高円寺に来たというだけではなく、松本哉自身が反原発運動をきっかけに台湾の反原発運動と交流を持ち、さらには韓国や香港、マレーシアなど各地のオルタナティヴ・スペースでトークや交流イベントをして直接フェイス・トゥ・フェイスのネットワークを広げていったという事実である。

二〇一二年四月には、香港でアートスペース「活化廳」が主催し、「素人の乱」のほか、台湾の「直走珈琲」、釜山の「AGIT」というオルタナティヴ・スペースのメンバーが一同に集まり「革命後の世界」というテーマでお互いの活動を紹介する

「東アジア有象無象会議」が開催された。こうした下からのグローバル化とでも呼ぶべき動きは、二〇一〇年代の東アジアの若者たちの社会運動のアクターや風景を確実に変容させたのである。

トランスナショナルな交流の場の創出——なんとかBAR、マヌケ宿泊所、NO LIMIT

初期の「素人の乱」はリサイクルショップとして紹介されることが多かったが、現在のグローバルな展開を考える時に「素人の乱」が運営する場所として重要なのはなんとかBARとゲストハウスマヌケ宿泊所である。どちらも、東京を訪れる重要な交流の拠点になっている。

なんとかBARは、店主が日替わりで変わる居酒屋である。基本的には「素人の乱」界隈の人たちが日替わりで店主を務めているが、すでに付き合いがある海外からのゲストや訪問者が一日店主を務めることもある。メニューは店主によってまちまちで、海外ゲストが店主の時は、それぞれのローカルフードやお酒が出されることもある。「素人の乱」といえば、山下陽光の「場所っプ」（本書二四四頁）のように路上で勝手に飲み会を始めるノウハウを蓄積してきた。なんとかBARはその発展型として、路上の流動性と即興性を断念する代わりに、場所と時間を一時的に固定し、比較的安定して安価で会話を楽しむことができるオルタナティヴな公共圏を提供している。
マヌケ宿泊所は、やはり高円寺の古いビルの内装を改装して作ったゲストハウスだ。とにかくお金がないバックパッカーやミュージシャン、アクティヴィストが宿泊できるように作られた宿だが、リサイクルショップやなんとかBARにも近接し、ゲストハウス自体も交流の場となっている。高円寺という街を楽しむための拠点として、長期滞在も可能な宿泊施設である。

なんとかBARもマヌケ宿泊所も、いつ訪れても賑わっているが、いつのころからか「素人の乱」について知っている世界中のアナキストやアクティヴィスト、アーティストやミュージシャンの溜まり場になっている。どちらも特に宣伝や広告を行わず友人関係を中心とした口コミのネットワークで維持されている。こうした空間は、流動化し、多様化する高円寺の新しいハブとなっているのだ。

こうしたトランスナショナルな交流の場としての役割が最大限に生かされたのが、松本哉たちがアジアのアクティヴィストやミュージシャンと組織した一連のアナーキーで祝祭的なイベントである。

たとえば、そのなかのイベントの一つに「NO LIMIT 東京自治区」がある。

『世界マヌケ反乱の手引書』刊行にタイミングを合わせて二〇一六年九月一一日から一七日まで一週間にわたって開催された「NO LIMIT 東京自治区」では、韓国、中国、香港、台湾からのアーティストやミュージシャン、アクティヴィストたちが東京に集まった。単なるイベントというよりもフェスと呼ぶべきだろう。

海外からの参加者は約三〇〇人。「一宿一飯」ということで、マヌケ宿泊所を無料開放し、なんとかBARで毎朝朝食を無料提供した。参加者は飛行機代さえ負担すればなんとかなるように手配したのである。その資金は、クラウドファンディングや寄付、グッズの販売などで賄った。高円寺を中心にしながらも新宿や下北沢などのオルタナティヴ・スペース数カ所を使い、トークイベントやライヴ、展覧会、映画や映像の上映会、そして無数の飲み会を繰り広げ、新宿で多国籍デモを最終日に行った。一週間で開催されたイベントは七〇回、ライヴは三回、デモは二回。世界中の「マヌケ」たちの一週間にわたる祝祭となったのである。

こうした活動は、参加した人々の国にも影響を与え、台北やソウル、ジャカルタなどで同様のイベントが同時多発的に起こった。その後、新型コロナウイルスの拡大のためにしばらく中断されたが、コロナ禍の収束とともに再開しつつある。二〇二三年九月から一〇月の一〇日間にわたって「NO LIMIT 2023 高円寺番外地」と名付けられたフェスティヴァルが開催され五〇以上のイベントやライヴ、展示が行われた。

版画を通じた東アジアのネットワークの広がり――IRAとA3BC

こうしたトランスナショナルなネットワークを示しているのは「素人の乱」だけではない。新宿にあるインフォショップであるIRA（イレギュラー・リズム・アサイラム）もまた二〇二〇年代の東京の「ストリートの思想」を語る上で欠かせない。インフォショップといってもなかなかピンとこない人も多いかもしれない。IRAのホームページには次のように説明されている。

（IRAは）二〇〇四年オープンしたインフォショップです。アナキズムとDIYをメインテーマに、社会運動や対抗文化に関する書籍やZINEやグッズ、またそれらに直接携わる人々が国内だけではなく海外からも集まるスペースです。展示、上映会、ワークショップ、パーティーなどのイベントもときどき開催しています。また、毎週火曜日の夜にはソーイング・サークルNU☆MAN、毎週木曜日には木版画コレクティブA3BCの集まりを定期的に開催中。

（IRAのHPより）

実際にＩＲＡを尋ねると、本や雑誌、音源に並んでカセットやＤＶＤなどが置かれている。またポスターやＴシャツなども売られている。

特徴的なのは、すべてアナキズムやＤＩＹの政治や文化、社会運動や対抗文化に関わるグッズであるというところである。海外の雑誌や書籍、カタログなども多い。特にＴシャツやポスター、グッズは黒を基調にしたパンクカルチャーの影響が顕著だ。夕方や週末は、ワークショップやトークイベント、展覧会や映画上映会などが定期的に行われている。お客さんは比較的若い人が中心で、高円寺に比べると女性や外国人が多い。

実際私の海外からの友人のなかでも、日本に来る前からＩＲＡを知っていたり、日本で社会運動や政治の情報を探してネットで検索しているうちにＩＲＡを見つけたりする研究者は多い。ＩＲＡは日本のラディカルな政治運動や思想の一つのハブなのである。

ＨＰにあるようにＩＲＡの歴史も「素人の乱」と同じようにすでに二〇年になる。私は、ＩＲＡオープンの頃から存在は知っていたが、最初に印象に残った活動は、二〇〇八年の北海道の洞爺湖サミットの際に行われた反Ｇ８サミット運動である。

洞爺湖サミットは、一九九九年のＷＴＯシアトル会議以降に世界中で広がった反グローバリゼーション運動が、日本でも初めて本格的に導入される機会となった。いたるところに広がった大規模な反対運動を恐れて、会場は都市部ではなく交通アクセスが悪く警備体制が敷きやすい市内から遠く離れた北海道の洞爺湖が設定された。それに対して、やはりグローバル化したプロテスターたちが、他のG8やWTOなどの国際会議と同じように反対運動のために日本に集結した。

IRAは、他の社会運動家や研究者と並んでそうした反対運動の日本側の窓口の一つになったのである。

とはいえ、一般的に言って洞爺湖サミットにおける反対運動は成功とは言いがたい。国際的な基準からみても厳しい警護に守られたサミットのために、札幌に三〇〇〇人ものアクティヴィスト（うち海外からの参加者は二〇〇名程度）が集合したが、その多くは洞爺湖の会場の近くまで辿り着けなかった。札幌のデモは厳しく弾圧され四名が逮捕された。(10)

洞爺湖に限らず、この時期、サミットなどの重要な国際会議に反対する反グローバリズム運動は世界中で厳しく弾圧され、結果的にシアトルの反WTO型の移動式の反グローバリゼーション運動は社会運動としてはこの頃から停滞していった。

それに代わるかのように、二〇一一年に始まったオキュパイ・ウォール・ストリートに代表される都市部の空間占拠が、警備が厳しくなっていく国際会議に対する抵抗運動のオルタナティヴとして登場する。日本でもこの時期、散発的に同様のオキュパイ運動が見られたが、この時期は反原発運動の拡大と重なっており、そのスタイルはむしろ反原発運動に引き継がれた。

ＩＲＡは、「素人の乱」と同様にこうしたゼロ年代から二〇一〇年代の社会運動において先駆的な役割を果たした。けれども、やはり「素人の乱」と同様に、ＳＥＡＬＤｓなどの運動が大衆化するにつれ、その先駆的な役割を終え、新宿のＩＲＡという場所を活かした継続的な実践にその活動の中心を移した。デモや集会にも参加は続けたが、むしろ日常的な定例のミーティングやワークショップがその活動の中心となったのである。

そのなかの一つは版画のワークショップＡ３ＢＣ（反戦・反核・版画コレクティヴ Anti-War, Anti-Nuclear and Arts of Block-print Collective）である。Ａ３ＢＣは、「素人の乱」の「ＮＯ　ＬＩＭＩＴ」や「高円寺番外地」とまた異なったあり方で、運動がトランスナショナルに広がる様子を示している。

Ａ３ＢＣは二〇一四年にＩＲＡで結成された木版画のコレクティヴだが、紙ではなく布にプリントするということに特徴がある。布に版画を摺るというのは、東南アジアのＤＩＹの版画コレクティヴであるタリン・パディ（インドネシア）やパンロック・スラップ（ボルネオ／マレーシア）の影響である。布に印刷することによって、丸めたり折り畳んだりして輸送や携帯が簡易になったのだ。また布を中心にするのでＴシャツやバッグなどの日用品、ファッションに転用することも可能である。黒インクを中心とするその質感は、独特のパンクＤＩＹの美学でもある。

版画のメディアとしての特徴は、初心者であっても初心者なりに楽しむことができて、何枚も複製可能であるということだ。特に大きな作品は、共同作業にも適している。実際に版画制作のワークショップに参加すると、制作の過程が政治や社会的な問題についてゆっくりと議論する貴重な時間になることがわかる。

この特徴によって、版画は歴史的にも東アジアの社会運動の教育や情報の伝達、広報や宣伝において特別な位置を占めてきた。Ａ３ＢＣは、そうした東アジアの版画の歴史や最近の発展を踏まえつつ、今ではアジアの代表的なコレクティヴとして東アジア全域に版画コレクティヴを広げる役割も演じている。

Ａ３ＢＣは、成田圭祐が運営するＩＲＡを拠点に常時一〇から二〇名くらいからなる流動的なコレクティヴである。ヒエラルキーや中心を作らずに協働的な運営を行い、定期的に参加するメンバー以外にも一時滞在する国内外のアーティストやアクティヴィストがしばしば参加することにその特徴がある。また一時滞在する海外からのアーティストやアクティヴィストがしばしば参加している。

週に一回夜集まって、版画作品を制作したり、作品の構想を話し合ったり、展示やワークショップの企画を行っている。また時には共同で炊事して料理を作って食べることもある。最近では美術館やアートプロジェクトに招待されてワークショップすることも増えている。

ＩＲＡでは、版画コレクティヴだけではなく、裁縫の集いＮＵ☆ＭＡＮなどワークショップを定期的に行っているグループがある。また展示スペースでは、世界のアナキズムや反戦・反核運動、フェミニズム、ＬＧＢＴＱ、パレスチナ連帯支援などに関する展示が行われている。

こうしたＩＲＡの活動は、いわばポスト「群衆の政治」の例として捉えることができるかもしれない。そもそも路上のデモや集会をした文化は、警察や敵対する政治的勢力との物理的な衝突を暗黙のうちに前提としている。もちろんその衝突事態に政治が内在しているのだが、ともするとそこを強調するあまり政治のジェンダー化やマチズモ、時にセクシズムを招きこむ可能性があることも否定できない。

ＩＲＡが二〇年にわたって、東京だけでなく、アジアや世界のアナキズム文化のハブであり続けているのは、この二〇年間に発展してきた「ストリートの政治」と近接しながらもオルタナティヴを呈示してきたからだろう。

二〇二四年の「だめ連」

二〇二四年の『ストリートの思想』をあらためて考える際に最も重要な運動の一つがだめ連である。二〇〇九年版『ストリートの思想』のなかでもだめ連は扱われているが（本書第三章一九六一―二〇〇〇頁）、今の方がその重要性は高まっている。だめ連が始まったのが一九九二年だというので、もう三〇年以上続いていることになる。

二〇二三年にだめ連の中心人物だったぺぺ長谷川が胆管がんで他界した。それから一年たって、だめ連のもうひとりの中心人物神長恒一との対談『だめ連の資本主義よりたのしく生きる』が現代書館から発行された。すでに三年前には、がんは発覚していたのでぺぺ長谷川は、その本のなかで、死ぬことを予期しつつだめ連としての人生を回想している。そこで扱っているデモや「素人の乱」、ＩＲＡなどのトピックは本書と重なるところも多く、無茶苦茶に面白い。

二〇〇九年版『ストリートの思想』ではだめ連は、サウンド・デモや「素人の乱」

が始まる前の九〇年代的なものとして紹介されている。

実際、だめ連がバブル経済崩壊直後のオルタナティヴなライフスタイルとしてテレビをはじめとするマス・メディアによって積極的に紹介されたのは、九〇年代末だった。当時は、その広範な過去の政治運動、社会運動のつながりや文脈はあまり参照されずに、フリーター時代の黎明期の、風変わりな若者たちの新しい生き方として紹介されていた。ニュース番組やワイドショーで取り上げられる場合も、そのほとんどは、名前のインパクトもあり、まさに「だめ」な若者の自堕落な生活様式としておもしろおかしく描かれることが多かった。

九〇年代末のテレビの紹介で共通して多く見られたのは、「若いうちはだめ連みたいな生活もいいけど、その後どうするかが問題だ」といった見解だった。「だめ」であること、「うだつがあがらない」ことを肯定して、できるだけ労働しないで、友人との交流関係のなかで生きるというライフスタイルは、その後正規社員として会社に入って資本主義に労働力に組み込まれるまでの一時的で、暫定的な生き方だと思われていたのである。

けれども、当初暫定的と思われていた二〇代のフリーターが、その後三〇代、四〇代、さらに五〇代になってもフルタイムの正規職を得なかったと同じように、だめ連の中心的な二人、ぺぺと神長は「だめ連」であり続けた。もちろん、これは二人だけではなく同じような人生を好むと好まざるにかかわらず似たような生活を送った人は少なくはなかったのではないか。『だめ連の資本主義よりたのしく生きる』は、その後の三〇年を振り返った二人の生き方の総括である。

本を読んで驚かされるのは、「だめ連」的な生活の驚くべき豊かさである。シェアハウスという言葉が流行する前から共同生活を行い、時に農業や野草摘みをしたり、旅に出たり、祭りに参加したり、デモや政治的集会に参加したりと、その生活は発見と刺激に満ちている。もちろん、「交流」を通じた人間関係はしばしば複雑になり、問題を起こすこともある。時には生活が立ち行かなくなることもあるが、それでも一貫した楽観主義と友人たちの人間関係に支えられた生活は自由に溢れている。だめ連が、今の時代に重要なのは、現在の新自由主義的資本主義のなかでも、労働を最小限に留め、企業の搾取から逃れて、オルタナティヴライフを追求することを、実際に身をもって証明したからである。

柄谷行人のいう「賢い」生活を選択し都心の企業に勤めたところで、結局そこで得た賃金は家賃やら光熱費やら生活を維持するための必要経費でなくなってしまう。多少余ったお金も自動車やファッションや飲食など忙しい時間の隙間を埋めるための刹那的な出費で消えていってしまう。貯金といっても微々たるものであり、それが将来に実際にどのような役に立つかはわからない。

それでもやめられないのは未来に対する漠然とした不安があるからだ。私たちは不確定な未来のために現在を犠牲にしているのである。

タンザニアをフィールドとしつつ、香港在住のタンザニア人たちのインフォーマル経済を調査研究し、「もうひとつの資本主義」を論じる文化人類学者の小川さやかは、多くの日本人が当然のように信じ込んでいるこのような「未来のための暮らし」とは異なる「その日暮らし Living for Today」によって支えられているもう一つの資本主義経済が存在することを指摘している。(11)

時にインフォーマル経済やアングラ経済と呼ばれるこの「その日暮らし」経済は、先進国以外では経済活動の大きな割合を占めており、時にフォーマルな経済活動を凌駕する経済領域であると小川は言う。

こうした「その日暮らし」経済においては、効率主義や契約、法律などフォーマルな経済で重要視されている概念がしばしば無効化され、その場の人間関係や信頼、シエアや人々の道義性などが優先されている。

興味深いのは、「その日暮らし」によって支えられている経済のほうが、未来のために現在を犠牲にしているフォーマルな近代的な経済よりも結果的にリスクが分散されているという小川の指摘である。

だめ連的な生活は、典型的な「その日暮らし」の経済である。さまざまな複数のレイヤーからなる人間関係は、契約による合理的な経済関係によって形成されているわけではない。けれども、フォーマルな労働環境から離れていることによって、だめ連的なネットワークは互助的な広がりをもっているのだ。それが、既存の資本主義経済によって完全に核家族や個々人がそれぞれ切り離された世界に比べても決して不安定なものではない。

だめ連の三〇年は私たちが知っている資本主義経済のオルタナティヴが存在することを証明するための実験としても見ることができる。

地方へ／都市を離れて

さて、最後に二〇二四年の「ストリートの思想」を考えるにあたって無視することができない一つの動向を紹介したい。それは、かつてであれば「ストリートの思想」を特徴づけていた文化や思想、政治の脱都市化、地方への移動である。

これが始まったのにはいくつかのきっかけがある。その最大の転機になったのは東日本大震災だろう。とりわけ福島原発事故の直後に関東一円が放射能汚染の危険に晒された時に、関西や九州、沖縄などに多くの人が移住した。とりわけミュージシャンやアーティスト、デザイナーなどもともと東京にいなくても仕事ができる人は、これを機会に移住を決断した人は少なくない。

二つ目のきっかけは、コロナ禍である。新型コロナウイルスの感染拡大は、ZOOMなどのインターネットのリモート会議アプリケーションを一気に普及させた。一度普及したリモートワークの技術は、コロナ禍が収束しても使われ続けている。当初想定されたほど急激ではないにせよ、音楽やアートなどクリエイティヴ産業ではゆっくりと地方移住や二拠点化が進み続けている。

震災やコロナ禍ほどはっきりとしたきっかけではないにせよ、二〇一〇年代を通じて若者たちの地方移住が進んでいる。

もちろん、移住のスピードよりも高齢化、過疎化の速度のほうが早いので、この変化は数字としては可視化されていないかもしれない。(12)六五歳以上の住人が五〇パーセントを超える限界集落の数はこの間も増加し続けている。これに伴って、全国の空き家の数は二〇二三年には九〇〇万戸、空き家率一三・八パーセントといずれも過去最高となっている。[13] 地域によっては、こうした空き家対策のためにほぼタダ同然で空き家を提供して活用を図る自治体も増えてきている。

特に地域芸術祭は、こうした移住促進の起爆剤のひとつになっている。

瀬戸内国際芸術祭は、国際的にも人気を集める大型の芸術祭だが、瀬戸内海の島々への移住者の増加に貢献している。たとえば男木島《おぎじま》はそのなかでも移住先としてもっとも人気が高い島だが、二〇一四年以降人口一五〇人の島に六〇人以上が移住している。[14] BEPPU PROJECTで知られる大分県の別府は、最初にプロジェクトが始まった二〇〇九年からアーティストやクリエーターの移住が一二〇人を超え、二〇三〇年までに一二〇〇人もの移住者を誘致することを目指しているという。[15]

隙間を失いつつある東京

これは、地方の魅力が高まったことだけに起因しているのではない。むしろ東京という都市が急速に文化的にも魅力を失いつつあることの裏返しでもある。

特に都心部では再開発が進み、タワーマンションが立ち並びつつある。古い駅前の商店街が失われて、どこの駅前も駅ビルを中心とした再開発が進み、大手チェーン店以外が新規にビジネスを始めることができず、個人商店が急速に減少しつつある。

二〇〇九年版で紹介している下北沢も再開発が進み、駅前の雰囲気はすっかりと変わってしまった。渋谷の宮下公園は、「ナイキ公園」にこそならなかったが、代わりにＭＩＹＡＳＨＩＴＡ　ＰＡＲＫという巨大なショッピングモールに変わってしまった。屋上に公園機能が擬似的に残されているが、あくまでも商業施設のなかの休憩エリアであり、本来の公共空間とは程遠い。東京のストリートでは厳しく禁止されているスケートボードのための有料のパークやボルダリングの施設が真ん中を占拠している。年末年始の野宿者への炊き出しの場だった宮下公園がなくなったことに伴い、炊き出しは狭い美竹公園へと移動を余儀なくされた。さらにコロナ禍の間に美竹公園も再開発で封鎖され、年末の炊き出しという活動そのものが危機に直面している。[16] いま渋谷に残されているのは、ストリートの文化ではなく、ストリートのシミュレーション、あるいはハイパーリアル化したストリートである。

オタク文化の聖地として一時期もてはやされた秋葉原も、オタクマーケットの商取引の多くがオンライン化されるにつれて一時期の熱気を失い、客単価の高いコンカフェ（コンセプト・カフェ）、コンパブ（コンセプト・パブ）が立ち並ぶ街へと変貌しつつある。

世界中から押しかける観光客に対して東京が提供しているのは、現在進行形のリアルな東京のストリート文化ではなく、一〇年以上前の東京のストリート文化をシミュレーションしたハイパーリアルな東京なのだ。

「ストリートの思想」はどこにいくのか？

移住先は必ずしも芸術祭が開催されるような地域だけではない。それ以外もきっかけひとつで移住先となることがある。ここでは、そうした例として鳥取県の中央の東郷湖に面する湯梨浜《ゆりはま》町の汽水空港という書店をあげたい。書店といっても、店主のモリテツヤ自身が厳選した思想や哲学、建築や映画など特徴的な新刊本と古本、そして個人出版のジンが並ぶセレクトショップとでも呼ぶべきかもしれない。

モリは二〇一一年に千葉県から京都、そして鳥取に移住して本屋を始めるための場所を探していた。移住のきっかけとなったのは東日本大震災と福島第一原発事故である。二〇一三年に湯梨浜町のもともと廃屋だった場所を破格の金額で借りて、資金を稼ぐために隣町の左官屋で働き始めた。そこで身につけた左官技術を用いて、ほとんど自分ひとりで二年かけてリノベーションして、二〇一五年に本屋をオープンした。

モリが興味深いのは、書店と同時に農業も営んでいて、いわば半農半本屋で生活していることだ。

これは単なる思いつきではない。一般企業に就職することに疑問を感じたモリは、大学を出てすぐに、埼玉県の農家に住み込みで働き、有機農業を学んでいる。農業は、その出発点からプログラムに入っていたのだ。

古本屋のアイデアは、下北沢の古本店、「気流舎」から得ている。バンド活動に明け暮れていた大学生活に疑問を覚えたモリは、書店巡りを始める。そこで出会ったのが気流舎である。

気流舎はカウンターカルチャーを専門とする古本屋だが、店にはカウンターがありカフェとしても機能し、定期的にトークイベントなども行われている。「素人の乱」やIRAと並んで東京の文化政治のオルタナティヴな拠点である。その名前が、真木悠介／見田宗介の著書『気流の鳴る音――交響するコミューン』（一九七七年）から名付けられていることからその志向を伺うことができる。IRAがパンク文化を基盤としているとしたら、むしろヒッピーやパーマカルチャーを基盤としている。

モリは気流舎のネットワークのなかで、エコロジーやパーマカルチャーを学んだ。そして、その実践の場として鳥取を選んだのである（ちなみに、気流舎もまたセルフ・リノベーションで最初のオーナーである加藤賢一によって一年間かけて作られた店であり、東日本大震災と同時に加藤が東京を離れ淡路島に移住したことを踏まえれば、汽水空港とのある種の連続性を見ることができる。気流舎は、現在コレクティヴによって運営されており、

第四章で紹介したＲＬＬのハーポ部長も主要なメンバーである)。

その道のりは決して平坦ではない。リノベーションも自分一人で何もかもしようとするので本屋として内装外装を完成させるのにも時間がかかる。農業もしばらく使われなかった畑の開墾から始まる。

モリの行動を特別なものにしているのは、安易に外注に頼らず、農業であれ建築業であれ、自分自身できちんと一から学んですべて自分で完成させようという究極のＤＩＹ精神である。その一方で、自分たちが借りている畑を「公園」と位置付け、「食える公園」としてパブリックな場所として機能させる社会実験を試みたりする。

もともと周りに何もない場所で始めた本屋だったが、噂を聞いて関心をもった坂口恭平など作家が講演会に来るようになり、最近は遠方からわざわざ本を買いに来る客も出てきたので、なんとか本屋としても経営が回るようになっているという。

モリが汽水空港をはじめたきっかけは、近くにゲストハウスたみがあったことが大きい。たみは、二〇一二年に始まったゲストハウスだが、長期滞在用のシェアハウスやカフェ、ギャラリーが併設されており、アーティストやアートに関わる人の利用が多い。移住を決める際にモリはたみに滞在し、最初の湯梨浜町の地元ネットワークはたみを中心に形成された。

鳥取には、たみのほかにやはり古民家を改造したシェアハウスでありイベントスペースである喫茶ミラクルが浜村温泉にある。「生活と実験の場」と称する喫茶ミラクルは、パーリー建築というＤＩＹプロジェクトで知られた宮原翔太郎と井川友香たちが始めた地域のコミュニティのハブとなる一種のオルタナティヴ・スペースである。

パーリー建築は、リノベーションが必要な民家を、リノベーション期間中そこに住んで連日のようにパーティを開かせてもらうことを条件に無料で改装を請け負うという二〇一四年から二〇一七年にかけて宮原たちが行っていたプロジェクトだった。パーティは、リノベーションのプロセスをその後そこに住むことになる施主と地元のコミュニティに対して空間と時間を開くものであり、それ自体がＤＩＹ的なオルタナティヴなライフスタイルの追求だった。パーリー建築の時代、食事は主としてパーティに参加する友人や地元のコミュニティのカンパで賄われており宮原たちの収入はゼロだったという。

その後、固定した場所での展開を模索した時に見つけたのが鳥取の浜村温泉である。コロナ禍もあり一時期不定期の営業になっていたが、現在喫茶ミラクルは、ライブやＤＪ、物販などのいろいろなイベントを通じて地域の人たちの間や地域外の人たちとの新しいネットワークづくりに取り組んでいる。

浜村温泉にはやはり宮原が運営に関わる一棟貸しの宿泊施設であるＨａｍａＶｉｌｌａ（ハマヴィラ）もある。汽水空港と鳥取市のレコード店ボルゾイレコードが選んだ書籍と音楽が楽しめるというハマヴィラは、やはり古民家をリノベーションして都市の日常生活とはまた異なるリラックスした時間を提供している。


このように地方でＤＩＹ的なオルタナティヴ・ライフを実践している人と話していて気づくのは、彼らがすでに日本中の似たようなオルタナティヴ・スペースやゲストハウスとインフォーマルなネットワークを形成していて、いろいろなノウハウや人的ネットワークを共有しているという事実である。鳥取のなかだけではなく、日本中、そして場合によっては海外とのネットワークも形成されている（実際、ゲストハウスの滞在者には海外からの旅行者も少なくない）。

またこうした拠点は、短期・中長期の旅行者や移住者を受け入れているだけではない。「素人の乱」の松本哉のように自らも拠点に留まるのではなく、自ら移動者としていくつかの拠点を転々としていることも多い。ＩＴ産業ではデジタル・ノマドと呼ばれるこうしたライフスタイルが、ＤＩＹのストリート文化のレベルでも確実に広がりつつあるのだ。これ自体、インターネットと携帯端末のインフラが十分に整ったことによって可能になったことだが、そもそも生活や仕事、そして広い意味での政治や文化について共通の知識のプラットフォームが共有されている。

もちろん、こうした動向はまだ実験的な段階であり、これからどのように発展していくのかはまだわからない。けれども二〇二〇年代の「ストリートの思想」は、もはや狭義の都市空間にとどまるものではなく、ヴァーチャルな空間とリアルな空間が交錯し、都市／地方の区分を超えたさまざまな隙間から生まれるものではないか。そうした期待を込めつつ、これからの「ストリートの思想」の変容をみていきたい。

注

（1）『SEALDs 一〇冊選書』 http://sealdspost.com/archives/category/book

（2）ここでいう「群衆の政治」という用語は、二〇一五年三月にシンガポール国立大学のアジアリサーチ研究所で東アジアの一連の街頭における抗議運動をめぐって行われたシンポジウム「アジアにおける群衆の政治（Mob Politics in Asia）」を念頭においている。

（3）デモや集会において抗議の意を示すためにロウソクを用いるというのは一九九二年に始まり韓国では定期的に見られる。ここでの「キャンドルライト運動」は、朴槿恵政権の退陣要求運動を指している。

（4）出入国在留管理庁「令和5年末現在における在留外国人数について」令和六年三月二二日 https://www.moj.go.jp/isa/publications/press/13_00040.html#

（5）日本政府観光局「訪日外客数（二〇二三年一二月および年間推計値）」二〇二四年一月一七日 https://www.jnto.go.jp/news/press/20240117_monthly.html

（6）日本経済新聞「二〇二四年の訪日客、過去最高の三一三〇万人　JTB予測」二〇二三年一二月二〇日　https://www.nikkei.com/article/DGXZQOUC205YD0Q3A221C2000000/

（7）『貧乏人の逆襲』の中国語版は台湾でのみ出版され、中国本土では出版されず海賊版が流通した。

（8）『Magazine 5: Designing Media Ecology』「特集：移動と場所、アジアのオルタナティヴ・スペース」水越伸、毛利嘉孝、佐倉統、居原田遙編集、二〇一六年、「5」編集部

（9）柄谷行人「『世界マヌケ反乱の手引書』書評　階級格差に抗する陽気な連帯」『朝日新聞』（二〇一六年九月二五日）

（10）うち一名は、第4章で紹介した小田マサノリ／イルコモンズである。

（11）小川さやか『「その日暮らし」の人類学――もう一つの資本主義経済』光文書新書、二〇一六

年、一五一—二九頁

（12）『読売新聞』「「限界集落」一割増え二万か所超す、いずれ無人化の可能性二七四二集落」二〇二〇年三月二八日

（13）総務省、報道資料「令和5年住宅・土地統計調査　住宅数概数集計（速報集計）結果」令和六年四月三〇日、https://www.stat.go.jp/data/jyutaku/2023/pdf/g_kekka.pdf

（14）瀬戸内国際芸術祭実行委員会事務局「瀬戸内国際芸術祭におけるSDGsの取組みについて」https://setouchi-artfest.jp/sdgs/

（15）中島良平「別府は温泉だけじゃない！　2030年までにアーティストやクリエイターの移住者の数を1200名に」Pen Online 二〇二三年七月二八日

（16）『東京新聞』「「ここで生きつないできたのに…」長年炊き出ししてきた渋谷・美竹公園、再開発のため突如封鎖、これからどこで…」二〇二二年一〇月三一日。二〇二三年末現在、のじれんは活動を休止しており、渋谷では有志による共同炊事が続けられている。

「ストリートの思想」を知るためのブックガイド

【古典】

『ベンヤミン・コレクション1〜7』ヴァルター・ベンヤミン（ちくま学芸文庫、一九九五—二〇一四年）

都市とメディアを論じたベンヤミンの著作は、今日の「ストリートの思想」の重要な源泉である。ナチスに追われ、ヨーロッパの都市を彷徨《さまよ》いながら、歴史から忘れ去られてしまった人々の視点を通して別の歴史を再構築しようとした試みは今なお刺激的だ。主な論考が収められたこの文庫本のシリーズには、近代芸術をアウラの喪失によって特徴づけた「複製技術時代の芸術作品」や、新しい歴史の捉え方を提唱する「歴史の概念について」、都市を描いた「都市の肖像」など基本的文献が収められている。都市を歩く際の必携書。

『スペクタクルの社会』ギー・ドゥボール（ちくま学芸文庫、二〇〇三年）

メディアと商品経済によって支配された現代社会（スペクタクルの社会）に対する実践的

な異議申し立ての書。一九六〇年代の文化政治運動のシチュアシオニスト（状況主義者）のマニフェストである。シチュアシオニストは、パリ五月革命にも影響を与えたとされるが、「スペクタクルの社会」が現実化しつつある現在、その重要性は一層高まっている。

【理論】

『千のプラトー』ジル・ドゥルーズ、フェリックス・ガタリ（河出書房新社、一九九四年）

中心を持たずに生成変化し続けるネットワークである「リゾーム」という概念によって、権力と思考、身体の関係を捉えなおそうとしたこの本は、一九八〇年代のニューアカデミズム・ブームを作ったが、九〇年代以降は政治と思考の実践の書として再読されている。

『分子革命』フェリックス・ガタリ（法政大学出版局、一九八八年）

自由ラジオをはじめ、ガタリの政治的実践についてまとめた論考集。

『東京劇場』フェリックス・ガタリほか（UPU、一九八六年）

一九八五年、ガタリが浅田彰、平井玄たちと山谷から下北沢まで東京を「横断」した時の記録集。写真も多く収められている。

『T.A.Z.』ハキム・ベイ（インパクト出版会、一九九七年）

T.A.Z.とは「一時的自律ゾーン《テンポラリー・オートノマス・ゾーン》」を意味する。固定された空間ではなく、一時的に現れる自律空間の重要さを論じたこの本は、スクォッティングやレイヴカルチャーなど、空間をめぐる政治の理論的な基礎を提供した。

『〈帝国〉』アントニオ・ネグリ、マイケル・ハート（以文社、二〇〇三年）

『マルチチュード（上・下）』アントニオ・ネグリ、マイケル・ハート（NHKブックス、二〇〇五年）

〈帝国〉とは、近年に登場した国民国家を超えるグローバルな主権の形態を指す。九・一一以降の世界のあり方を予言的に示した『〈帝国〉』は、発売直後から人文書としては異例のベストセラーとなり、二〇〇〇年代の反グローバリズム運動やプレカリアート運動に大きな影響を与えた。続刊の『マルチチュード』では、〈帝国〉を支える主権である「マルチチュード」の可能性が論じられている。

『未来派左翼（上・下）』アントニオ・ネグリ（NHKブックス、二〇〇八年）

ネグリが、シアトルの反WTO運動や中米サパティスタの闘争から、ブラジルや中国などの世界情勢までを語ったインタヴュー集。『〈帝国〉』や『マルチチュード』の理論と世界の具体的情勢を結びつける絶好の入門書。

『マルチチュードの文法』パオロ・ヴィルノ（月曜社、二〇〇四年）

ヴィルノは、ネグリとも深い交流のあったイタリアの思想家。マルチチュードを、非物質的労働が主要な生産様式となるポスト・フォーディズム的時代に固有の存在様式と捉え、「労働」の概念の変化が、日常生活の政治実践に与える影響を論じている。

『ブラック・アトランティック』ポール・ギルロイ（月曜社、二〇〇六年）

ギルロイはヨーロッパ、アフリカ、アメリカを結ぶ、奴隷制度を中心とした三角貿易の場である大西洋を「黒い大西洋」と呼び、もうひとつの近代が成立していた空間として構想した。そこは、文学や音楽、ダンスなど文化による闘争が行われた場でもある。今日、文化がいかに政治になりうるかを考察するために必読の一冊。

『アーバン・トライバル・スタディーズ』上野俊哉（月曜社、二〇〇五年［一七年増補新版］）

レイヴカルチャーと思想をどのように結びつけるのか。「アーバン・トライブ（都市の部族）」という概念をキーワードに、DJならぬTJ（テクスト・ジョッキー）である著者によって、思想が音楽を奏でている。

『文化＝政治』毛利嘉孝（月曜社、二〇〇三年）

ゲイ・レズビアンの政治運動であるACT UPや、道路解放運動であるリクレイム・ザ・ストリーツなど、グローバリゼーションのもとで登場した海外の新しい文化政治運動を紹介する。

『ブランドなんか、いらない』ナオミ・クライン（はまの出版、二〇〇一年［〇九年新版、大月書店］）

新自由主義とグローバリゼーションは人々をどのように搾取しているのか。グローバル企業のブランドの裏に隠されている過酷な搾取構造を暴く。NO LOGOという原題の本書は、反グローバリゼーション運動のバイブルとなった。

『さよなら、消費社会』カレ・ラースン（大月書店、二〇〇六年）

ラースンは、カルチャージャミング雑誌『アドバスターズ』の発行人。既存の広告やメディアをパロディ化して批判するカルチャージャミングは、本書で紹介したRLLにも大きな影響を与えた。

『反貧困』湯浅誠（岩波新書、二〇〇八年）

「年越し派遣村」の村長として知られる湯浅誠による貧困論。ちまたに溢れる自己責任論を徹底的に批判した本書は、日本の貧困の現状とその原因を把握するための必読書である。

【文化】

『ベース・カルチャー』ロイド・ブラッドリー（シンコーミュージック・エンタテイメント、二〇〇八年）

ジャマイカに始まったレゲエは単なる音楽ではなく、日常生活の重要な一部であり、政治的な文化でもあった。レゲエやそれをとりまくサウンドシステムの歴史を追った本書は、今日のサウンドデモ文化の起源をも明らかにしている。

『ブラック・マシン・ミュージック』野田努（河出書房新社、二〇〇一年［二〇一七年増補新版］）

サウンドデモでは、アンダーグラウンド・レジスタンス（UR）をはじめデトロイト・テクノがよくかかっている。自動車の街デトロイトで始まったテクノは、ポスト・フォーディズム時代の黒人たちの闘争のBGMだ。

『NO!! WAR』野田努、水越真紀、工藤キキ、三田格、吉住唯編（河出書房新社、二〇〇三年）

イラク戦争に反対するミュージシャンやDJの発言を集めた緊急出版。ミュージシャンがどのように政治にかかわりうるかを示す良書。

『RAVE TRAVELLER』清野栄一（太田出版、一九九七年）

ヨーロッパに始まり世界中に広がった九〇年代のダンスカルチャー、レイヴ。人はなぜ踊るのか。ダンスは、政治とどのように関係するのか。自らレイヴ・トラヴェラーとしてヨーロッパ、インド、そして日本を回った経験を記した本書は、レイヴカルチャーの魅力とその政治的可能性を伝える。

『檻のなかのダンス』鶴見済（太田出版、一九九八年）

一九九三年のベストセラー『完全自殺マニュアル』の著者・鶴見済《わたる》は、その後レイヴカルチャーに接近し、現在は環境問題や新自由主義、グローバリゼーション批判などの政治的活動を行っている。踊る身体や自然の力に焦点をあてた本書は、鶴見の思想の変遷をたどるうえで重要。

『じゃがたら』陣野俊史（河出書房新社、二〇〇〇年）

一九八〇年代に異彩を放ち続けたバンドじゃがたらとリーダーの江戸アケミ。その活動を、当時かかわりがあった人々の詳細なインタヴューを通じて検証した一冊。

『いるべき場所』ＥＣＤ（メディア総合研究所、二〇〇七年）

日本のヒップホップシーンの草分け的存在であるＥＣＤの自伝的な音楽史。ＥＣＤはイラク戦争以降、積極的にサウンドデモにかかわっているが、本書を読むと今日のサウンドデモ文化の起源を知ることができる。

【生活と政治】

『新宿ダンボール絵画研究』新宿区ダンボール絵画研究会編（スワンプパブリケーション、二〇〇五年）

一九九〇年代の半ば、バブル経済の崩壊を受けて新宿駅西口地下に広がったダンボールハウスに、若者たちはカラフルな絵を描き始めた。当時、運動にかかわっていた人たちの証言とダンボールハウスの写真を収めた貴重な記録。

『現代思想』特集「ストリート・カルチャー」一九九七年五月号（青土社）

「だめ連」をはじめとする九〇年代の新しい文化政治運動の多様な側面が、座談会やインタヴューで紹介されている。

『このようなやり方で３００年の人生を生きていく』小川てつオ（キョートット出版、二〇〇

五年〔二〇一三年新版〕）

渋谷の二四六表現者会議や代々木公園のカフェ「エノアール」を運営している小川てつオの原点となった、一九歳の時の沖縄旅行の記録。似顔絵を描きながら旅を続けるようすは、その後の生活・芸術実践「居候ライフ」につながる試みとしても興味深い。

『Dear キクチさん、――ブルーテント村とチョコレート』いちむらみさこ（キョートットト出版、二〇〇六年）

小川てつオとカフェ「エノアール」を運営しているアーティスト、いちむらみさこが描く代々木公園ブルーテント村の住民たち。ブルーテント村から離れたキクチさんと呼ばれる女性宛の手紙という形式で、「村」での生活が綴られる。それは、楽しく、生き生きとして、どこか切ない。

『貧乏人の逆襲！』松本哉（筑摩書房、二〇〇八年〔二〇一一年増補版、ちくま文庫〕）

高円寺のお騒がせ集団でリサイクルショップ「素人の乱」の店長、松本哉による抱腹絶倒の運動史。なぜ彼らがこれほどまでに人を惹きつけるのかがよくわかる。

『素人の乱』松本哉、二木信編（河出書房新社、二〇〇八年）

こちらは、「素人の乱」のまわりで遊んだり、騒いだり、踊ったり、デモをしたりしている人たちの座談会などが収められている。「素人の乱」がどのように広がっていったのかが検証できる。

あとがき

最初に本書執筆の話をいただいた時には、すぐにでも書けそうな気がしていた。自分が普段考えていることをそのまま書けばいいように思ったのだ。けれども書き始めると、ことはそんなに簡単ではないことに気がついた。

本文中にも書いたように、この本は「政治」と「文化」、そして「思想」のトライアングルを主題にしている。この三つの中に「ストリートの思想」は、どこかおさまりの悪いまま位置づけられている。

けれども、それは私自身の位置取りでもある。「政治」「文化」「思想」にかかわりながらも、そのどこにもしっくり合うことがなかった。政治運動の側から見れば、いかにもヌルい政治へのかかわりだったろうし、音楽や美術の専門家からは政治主義だと批判されることも少なくなかった。思想について言えば、現実の社会とかかわりが少ない理論主義への嫌悪があり、理論のための理論、過剰な理論化には距離をとってきた。三つのうちのどれにもなじまないようにしてきたのだ。

この本を書くことは、こうした自分の位置取りをあらためて批判的に検証する作業になった。当初想定した以上に大変な作業になったが、私自身のこれまでの仕事を客観的に検証するひとつのきっかけになったように思う。

本書の執筆にあたっては、既発表の二つの論考を元にしている。『現代思想』の「1990年代論――規律から管理へ」特集（青土社、二〇〇五年一二月号）に発表した「対抗的九〇年代」と、『論座』「グッとくる左翼」特集（朝日新聞社、二〇〇七年四月号）に発表した「ストリートが左翼を取り返す」である。原稿を依頼していただいた当時の編集担当者に、ここであらためて感謝したい。本書を執筆するにあたって大幅に改稿した。

本書で取り上げた「ストリートの思想家」には、個人的にお会いしたことのある方も多い。すべての方に感謝したいが、とくに武盾一郎さんとRLLの三人（ハーポ部長、インテリパンク、∞＋∞＝∞）には、大きな影響を受けた。武さんを中心に行われた「新宿区ダンボール絵画研究会」、RLLを通じて知ることになった高円寺の「素人の乱」とその周辺の運動は、文化と政治との関係を考察するための格好の場となったのである。

本書（旧版）のカバーに掲載した強烈な絵は、武さんが山根康弘さん、吉崎タケヲさんと一緒に、一九九五年に新宿西口地下のダンボールハウスに描いたものだ。「新宿の左目」と題されたこの絵は、やはり西口のスバルビル地下一階にあるパブリックアート、宮下芳子作『新宿の目』の、ロータリーをはさんで反対側に当時置かれていたものである。ダンボール村の強制撤去後はどこに行ったかわからず、今では現物は残っていない。貴重な写真を提供していただいた写真家の迫川尚子さんにお礼を述べたい。ほかにも、本文中でさまざまな方の写真を使わせていただいたが、これがなければ「ストリートの思想」の重要な部分は伝わらなかっただろう。記して感謝したい。

最後に、声をかけていただき、編集も担当していただいたＮＨＫ出版の大場旦さんには本当にお世話になったことを記しておきたい。自分自身の位置取りを検証する作業は、書き始めるやいなや、思い出しては書き、書いては消し、消してはまた違う方向に進むという悪いループに入ってしまった。それを軌道修正し、なんとか書物の形にまとめあげることができたのは、大場さんの叱咤激励の賜物である。

「ストリートの思想」は希望の思想である。私たちを取り巻く状況はけっして明るいものではない。けれども、過剰に悲観的にならずに、いろいろなところに散らばっている可能性を拾い集めてつなぎ合わせることが、今一番必要とされている。ストリートはそうした可能性に溢れている場所なのだ。

二〇〇九年七月

毛利嘉孝

増補新版あとがき

二〇〇九年にNHK出版から『ストリートの思想――転換期としての一九九〇年代』という書名で出された本が、それから一五年後に文庫本として出版されることになった。

もともと長く読まれることを想定せずに同時代の言説に介入することを目論んで書かれた旧版だったが、当時幸いなことにいくつか書評で取り上げられたこともあり、結果的には私の著作のなかでもよく知られた本となった。

一五年の間に状況も大きく変わり、さすがに同時代的な本ではなくなったが、あらためていま読み返すと九〇年代からゼロ年代の文化や政治の雰囲気を伝える歴史の記録として読むことができる。

当時の歴史的な「資料」としての価値もあると考えたので、二〇〇九年版の元の原稿の変更はほとんど行わず、誤字や脱字、確認できなかったデータのチェックなど最小限に留めた。巻末の「「ストリートの思想」を知るためのブックガイド」も書誌データはアップデートしているが当時選んだリストである。原著を基本的に残しつつ、現在の視点から俯瞰できるように新たに「ストリートの思想二〇二四」の章を書き下ろして付け加えた。

最初に、『ストリートの思想　増補新版』の出版にあたりお世話になった方にお礼を述べたい。まずは文庫化を提案していただいた筑摩書房の永田士郎さん。文庫本という形で読み継がれていくことは書き手にとって本当に幸せなことだ。また装丁にプロテスト・レイヴの写真を提供していただいた砂守かずらさん。砂守さんは、2024年のパレスチナ支援運動の現場を記録しつづけており、このタイミングで再び『ストリートの思想』を世に出すにあたって大きな刺激を受けている。

増補新版の新しい章を書くにあたって、江上賢一郎さん、篠田ミルさん、モリテツヤさん、井川友香さんに草稿に目を通してもらい貴重なコメントをいただいた。特に江上さんには「素人の乱」のこの一五年間の動向について重要なポイントをご教示いただいた。記して感謝したい。

今回の文庫化にあたって読み直すと、あらためて一五年の時の流れを感じる。ツイッターやユーストリームなどのSNSが急速に普及するのは、二〇一一年の東日本大震災がきっかけだったので、当時の主流のSNSはまだmixiである。旧版が出版された二〇〇九年七月は民主党政権が誕生する直前であり、出版時にはその一カ月後に大きな政権交代が起こることをまだ知らない。政治的な状況は明るくはないが、それでもいまよりはずいぶん楽観的な雰囲気が漂っている。

時代の変化の詳細は、増補章のなかでも書いているのでここでは繰り返さない。それでも、そこには書ききれなかった二〇〇九年版『ストリートの思想』のその後について補足的に記しておきたい。

嬉しいニュースの一つは、当時消息がわからなかったEP-4の佐藤薫がその後復活して、EP-4とともに活動を再開したことである。旧版が、復活のきっかけと佐藤自身がインタビュー(『EATER　2014』K&Bパブリッシャーズ)で語っているのを読んでとても嬉しかった。

逆に悲しい出来事は、旧版で「ストリートの思想家」として重要な役割を果たしているＥＣＤやぺぺ長谷川、そして、アントニオ・ネグリがすでにこの世にいないことである。特にネグリは、二〇一三年に来日し、首相官邸前で行われている反原発デモに一緒に行ったのが強く記憶に残っている。八〇歳になっても積極的に行動するその姿に心打たれたが、二〇二三年に九〇歳で他界した。

坂本龍一の死も一つの時代の終焉を象徴的に示している。彼の音楽活動に対する私の評価は旧版の時と基本的に変わらないが、それでも晩年の公的知識人としての活動は、「ストリートの思想」の一つの重要な源泉だったとあらためて思う。

本書では取り上げていないが『ストリートの思想』をきっかけに出会った最重要人物が、巨大なテントの野外劇場とスペクタクルな水の仕掛けで知られる「水族館劇場」を主宰していた桃山邑である。水族館劇場の看板女優、千代次率いる別ユニットの「さすらい姉妹」は、寄せ場（山谷、渋谷、新宿、寿町など）の炊き出しにあわせて、年末年始の大晦日から正月にかけて路上の巡業公演を行っている。桃山の誘いに応じて二〇一五年年末から二〇二三年年始まで私は「演出」を担当させていただいた。私なりの「ストリート／路上の実践」の一つだったと感じていた。その桃山邑も二〇二二年一〇月に他界した。

ヴァルター・ベンヤミンではないが、ストリートとは、文化と政治、そして思想が発生するとともに、私にとっては亡くなった人たちが天使となって降りてくる場所でもある。その痕跡を、目を凝らしてしっかりと見続けることが、残された者たちの使命なのだろう。

二〇二四年七月

本書は、二〇〇九年七月にＮＨＫブックスとして刊行された『ストリートの思想――転換期としての１９９０年代』を一部修正し、「増補　ストリートの思想二〇二四」を加えて文庫化したものです。

ちくま文庫

ストリートの思想《しそう》　増補《ぞうほ》新版《しんぱん》

二〇二四年九月十日　第一刷発行

著　者　毛利嘉孝（もうり・よしたか）
発行者　増田健史
発行所　株式会社　筑摩書房
東京都台東区蔵前二―五―三　〒一一一―八七五五
電話番号　〇三―五六八七―二六〇一（代表）
装幀者　安野光雅
印刷所　星野精版印刷株式会社
製本所　株式会社積信堂

ISBN978-4-480-43956-7 C0136